我不是教詐
是告訴你做人不要太聰明

李定汝，余一　編著

FOOL

SMART

別總想著算計誰，
「精打細算」小心自己也被算進去

什麼是聰明？
一般來說，聰明與智商是可以畫等號的。

智商高固然聰明，但真正走入社會時，
做蠢事的往往是「太聰明」的人

崧燁文化

目錄

第一章　做人也可以很巧妙

目錄

目錄

目錄

前言

　　什麼是聰明？一般來說，聰明與智商是可以畫上等號的。如今有的學校專門為學生測試智商，被測出智商高的學生和家長興高采烈，認為科學家、藝術家的桂冠指日可待了；那些被測出智商不高的學生則洩了氣。智商高固然聰明，但智商不高不等於愚蠢。等到人真正走入社會，做蠢事的常常是太聰明的人。

　　太聰明的人是什麼樣的人呢？舉個人人皆熟的例子，《紅樓夢》中的王熙鳳是「機關算盡太聰明」的人。她聰明過度之處是用欺心滿足貪心，天下那些「太聰明」的人都跳不出這個窠臼。

　　如果太聰明的人掌權，則是搞權術的高手，若是為民，則是貪小利爭便宜的「能人」。

　　人不聰明不會欺世盜名，人真聰明不敢欺人欺世，而人太聰明則認為人可欺世也可欺，於是將人放於股掌之中玩弄，世事偏偏不像這些「太聰明」者算計的那樣，最終就像仰面唾天

前言

者，唾沫最後落在自己的臉上。

太聰明不同於大聰明，大聰大慧者不爭一己之名、一己之利，太聰明者之貪心，繞來繞去就是為一己，而這些人自有這些人的「聰明」，認為玩些小權術，耍點小聰明，將公款變成贓款裝入自家囊橐，將公物變成私物移入自家堂室，以此補償多半生所吃的「虧」。將以往功勞簿上功績換算成「五子登科」，將眼前的榮譽頭銜變換成盾牌掩體，利於偷天換日的「撈」，瞞天過海的貪，倘若以此為聰明者，必然要蝕掉前半生的本錢，甚至會「反誤了卿卿性命」。

做人別太聰明，太聰明就必然要過於算計，苦心經營，凡事一過頭必入盲點，一入盲點人必誤算，就像倒楣看反面一樣，聰明越過，垮得越早，完得越快。

本書並不是教你違心、虛偽、奸詐的迎合別人、鑽漏洞、占便宜，而是告訴年輕人在處世方面，在善良、真誠、寬容的基礎上，做事掌握分寸，謹言慎行，禮行天下，智慧靈活的待人待物，如果能做到這些，我們會少很多煩惱，對自己的生活和工作必定會有所幫助！

第一章

做人也可以很巧妙

善於讚美，一句也好

多數人都喜歡聽到別人對他的讚美和褒揚。這一點也得到了心理學家的證實：「心理上的親和是別人接受你意見的開始，也是別人轉變態度的開端」。誠然，適當的讚美可以提升人的自信心，榮譽感和自尊心也都會得到滿足。當我們聽到他人對自己的讚美時，會感到愉悅和鼓舞，不免會對對方產生親切感，彼此間的心理距離也就近了。和諧的人際關係就是從這裡開始的。

真誠的讚美和鼓勵，能滿足人的榮譽感，能使人終身難忘。英國首相邱吉爾曾經說過：「想要人家有怎樣的優點，就怎麼讚美他」。你的一句簡單的讚美就有可能改變被讚美者的一生。

一個小女孩，自己認為自己什麼都不會，常受到同儕的欺負不說，還經常被父母責罵。因為他人對自己的看法，更因為自己對自己的不認同，這個小女孩變得不愛說話，也不願和別人交流，變得毫無存在感。

在一次週末大掃除上，那些聰明、機靈的孩子都在投機偷懶，只有這個小女孩在踏踏實實的清潔打掃，而且很認真。她的班導看到後，當著全班同學的面表揚了她，甚至在班會上又點名表揚了她。就是老師那麼一句表揚的話，讓這個孩子頓時

覺得自己有用了。此後，這個孩子不僅走路昂首挺胸，而且上課也積極發言，也喜歡和其他的孩子一起活動了。

這個孩子很感謝她的班導，並對班導表達了自己的謝意，班導摸著孩子的頭說：「孩子，我只是做了我自己的那一份，而真正改變妳的是妳自己，要想別人看得起妳，首先得自己看得起自己，要相信自己，妳也很出色。老師也相信妳會越來越棒的。」聽到這些話，孩子感謝的哭了。從此以後這個孩子有了很大的變化，最後還考上了國立大學。

戴爾·卡內基說過：「當我們想改變別人的時候，為什麼不用讚美代替責備呢？縱然下屬只有一點點進步，我們也應該讚美他，只有這樣才能激勵別人，不斷的改進自己。」老師一句簡單的讚美和肯定，不僅增加了親和力，還拉近了與學生的關係，更重要的是，這個孩子因此改變了。作為一名老師，能改變自己的學生，並能使他有所成就，這樣的老師自然很成功。試想，如果沒有老師的讚美，這個孩子又會怎麼樣？

在現代交際中，幾句適度的讚美對成功做人來說也必不可少，一個人總想客觀的了解自己，又想得到他人的認同，如果被他人讚美，往往會有種成就感，也往往容易對讚美他的人產生好感。心理學家威廉·傑爾士說過：「人性最深切的需求就是渴望別人的欣賞。」如果你能對初次見面的人適當的讚美幾句，對方不僅會覺得你很有禮貌，很有教養，對你獲得好感，而且

還可以和對方在心理、情感上靠攏，縮短彼此間的距離。巧妙的讚美不僅可以表達自己對他人的尊重，增進了解和加深友誼，更能成為你得力助手，建立良好的人脈。

美國玫琳凱公司的總裁玫琳凱就很注重讚美員工，他認為：「讚美是激勵下屬最有效的方式，也是上下溝通中最有效果的手段，因為每位員工都需要讚美，只要你認真尋找就會發現，許多運用讚美的機會就在你面前。」在玫琳凱公司，每一個成績突出的員工，都會受到玫琳凱的格外禮遇。每次她真誠讚美都會深得人心，這主要得益於她有效的讚美方法。當每個員工取得比上次更優秀的成績時，就會獲得一條緞帶作為紀念。公司總部每年舉行一次年度大會，參加的員工都是從公司選拔出來成績優異的員工代表，在會議中，公司會要求一些代表身穿象徵榮譽的紅色禮服上臺發表演講，介紹他們的成功之道。所以，玫琳凱公司的員工工作很積極，熱情也都很高。

美國作家馬克吐溫說：「一句好的讚美語言，能使我不吃不喝活上兩個月」；俄國作家列夫·托爾斯泰說：「稱讚不但對人的感情，而且對人的理智也具有很大的作用。」

一句簡單的讚美並不是一件很難辦到的事情，只要你願意，願意去發現，就會有很多值得你讚美的事，說出來會有意想不到的效果。

近朱者赤，近墨者黑

為什麼穿鼻洞、打舌環？因為朋友的影響；

為什麼會去打麻將？因為朋友的影響；

為什麼要吸毒？因為朋友的影響；

為什麼會去做傳銷？因為朋友的影響；

為什麼渴望賺錢？因為朋友的影響；

為什麼會合夥創業？因為朋友的影響；

為什麼會結夥搶劫？因為朋友的影響；

……

朋友之間的影響是直接的，也是深刻的。喜歡看什麼類型的電影，什麼樣的書，聽什麼音樂，從事什麼類型的工作，以及對未來的規劃，都很容易受到朋友的影響。朋友可以幫助你上進，也可以讓你墮落。

黃力泓博士是全世界著名的理財大師和國際企業家，在他的一堂「魅力總裁理財課程」上，他要求學員寫下與自己關係最親近的十個人的名字，接著再寫這十人的財務狀況，詳細記載所知道的一切，包括：他們有多少存款、多少間房子、車子、每個月收入多少、有多少負債……再寫下他們與你聊天時談到他們對金錢的看法等，盡你所能的寫下你身邊和你最親近的十個人的財務狀況。

第一章　做人也可以很巧妙

　　黃力泓每隔五至十分鐘就要大家再多寫一點，就這樣寫了將近一個小時。完成之後，黃力泓問：「現在各位知道為什麼了吧？」大家不知所指，黃力泓接著說：「你們是否發現你和你所寫的人的財務狀況差不多呢？」大家才恍然大悟，真的耶！資產一百萬的人，他的朋友們大約也是一百萬左右，有一間房子的人，他的朋友們也大多只有一間房子，而使用信用卡循環利息的人，他的朋友們幾乎也都處於負債的邊緣狀態……

　　正所謂：「物以類聚，人以群分。」億萬富翁的朋友大多也都是億萬富翁，官員的朋友多為官員，醫生的朋友是醫生，司機的朋友是司機，毒販的朋友往往也都是毒販。與什麼樣的人在一起就會成為什麼樣的人，與優秀的人交往，你才可以變得優秀。

　　朋友間的相互影響是潛在的。北卡羅來納大學夏洛特校區的助理教授諾亞・馬克曾在一九九八年寫了一篇論文，文中說我們對音樂的偏好與我們朝夕相處的人密切相關。不知你有沒有發現，你與你最親密的朋友之間有著相同的價值觀、相似的善惡的判斷標準、還有相同的喜好。我們所嘗試的新鮮事物一般也都來自朋友的影響，甚至你的情緒以及氣質都會受你的朋友及你周圍人的影響。去超市買東西，朋友說某件物品很好用，有很好的什麼什麼效果，但是價錢對你來說或許有那麼點貴，你或許也會買一件來嘗試；如果你周圍的人對某一個人的

評價很差，那麼你對他的印象也好不到哪去；朋友的大度與不拘小節會讓你覺得自己太小氣，反而會像朋友一樣大度起來；一個人如果有人向你微笑，你也會忍不住報以相同的微笑給他，人就是這麼容易被他人影響。假使你對生活有所不滿，那麼嘗試著與樂觀的人做朋友，減少與那些喜歡抱怨，成天憂鬱的人的交往，即使只減少了十分之一的交往，那麼你也會驚奇的發現自己快樂了許多。

黃力泓說：「想要減肥的人千萬不能和胖子在一起！」因為一個人之所以會成為胖子就是因為他高興的時候吃、心情不好的時候吃、忙碌的時候也想吃、無聊的時候更是不停的吃，若你跟他在一起，一定會受到他的影響，那你的瘦身計畫就不可能成功。同樣，在學習和工作中，如果你想要成為一名優秀的人，就不能和不努力的人在一起。就拿大學來說，在一個宿舍的人關係一般都比較近，假如宿舍有一兩個愛蹺課的，那麼後來就會有兩三個蹺課，……最後連平常最愛上學的那個也蹺課；反過來說，如果一個宿舍六個人，四個人期末成績在班級前十名，那麼剩餘的兩個人也會更用功讀書，與他們靠近。

與聰明的人在一起會變得聰明，與勤勞的人在一起會變得勤勞，與大度的人在一起可以心寬，與積極上進的人在一起也會求上進，但是，與不求上進，不思進取的人在一起則會變得同樣墮落，也會失去很多生活的樂趣。朋友是我們自己選擇

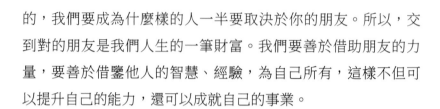

的，我們要成為什麼樣的人一半要取決於你的朋友。所以，交到對的朋友是我們人生的一筆財富。我們要善於借助朋友的力量，要善於借鑒他人的智慧、經驗，為自己所有，這樣不但可以提升自己的能力，還可以成就自己的事業。

當斷不斷，反受其亂

司馬遷《史記‧春申君列傳》說：「當斷不斷，反受其亂。春申君失朱英之謂邪？」當斷不斷，反受其亂。這是司馬遷對春申君的評價。

春申君黃歇，以禮賢下士、招致賓客、輔佐治國而聞於世，是戰國時期著名的政治家、軍事家，與魏國信陵君魏無忌、趙國平原君趙勝、齊國孟嘗君田文並稱為「戰國四公子」。他在擔任楚國令尹期間，對外窮兵黷武，縱橫捭闔，對內輔國持權、廣招賓客。他名重於諸侯，權駕於國君，生前極盡威重顯赫。然而，聰明一世的春申君最後卻受制於佞小，慘死於亂刀之下！

春申君黃歇在年輕的時候曾四處拜師遊學，見識廣博，以辯才出眾深得楚頃襄王的賞識。在楚頃襄王還是太子的時候，曾和秦國結下仇怨。頃襄王繼位，秦昭王很輕視他，準備大舉出兵滅掉楚國。頃襄王急於向秦國求和便派能言善辯的黃歇出使秦國，成功說服了秦昭王退兵，秦楚兩國締結盟約，互為友

好國家。黃歇回到楚國後，楚頃襄王派黃歇和太子熊完作為人質去到秦國，秦昭王將他們扣留了十年。頃襄王病重，秦國卻不同意熊完回楚國，春申君設計使留在秦國作為人質的楚太子熊完逃回楚國即位，即考烈王。楚考烈王元年（前二六二年），黃歇被楚考烈王任命為楚國令尹，封為春申君。

考烈王沒有兒子，他的門客中有個趙國人李園。這個李園雖然其貌不揚，但城府卻很深。他想把自己的妹妹獻給考烈王，預謀先獻給了春申君。知道這件事情的人沒有幾個。不久，李園妹妹懷孕，李園兄妹與春申君瞞天過海，將李園妹妹獻給了考烈王，生一兒子，立為太子。

楚考烈王病重，李園想取代黃歇的地位，又擔心太子的身世暴露，於是暗中豢養了刺客準備刺殺黃歇。黃歇的門客朱英得到了這個消息，曾多次提醒春申君提防李園，要做好除掉李園的準備，但黃歇猶豫不決，沒有理會朱英的警告。春申君不聽勸，朱英怕牽連到自己，第二天就離開了楚國。不久，楚考烈王去世，李園搶先進入王宮，在棘門埋伏下刺客。春申君前去王宮奔喪，在棘門受到李園刺客的伏擊，當即被斬頭扔在棘門外。同時，李園派官兵前去春申君的家中，將春申君的家人滿門抄斬。

同年，熊悍繼位，是為楚幽王，李園取代黃歇，被任命為楚國令尹。

第一章　做人也可以很巧妙

　　先下手為強，後下手遭殃。這句話用在春申君身上再合適不過了。因為不聽從勸告，不果斷行事，而被滅門，真是悲哉！在歷史上，多少英雄都敗在了優柔寡斷上。「力拔山兮氣蓋世」的楚霸王項羽，還有三國時期的袁紹，都是因為優柔寡斷而慘敗。

　　項羽輕敵自大，寡謀輕信，沽名釣譽，優柔寡斷。破秦入關之前，項羽屯兵新豐鴻門，劉邦屯兵霸上，雙方相距不遠。謀士范增勸說項羽要抓住這個機會，除掉劉邦，但項羽卻躊躇不決。曹無傷背叛劉邦，在劉邦與項羽之間挑撥，說：「劉邦掠奪了秦全部財產，讓子嬰為相，自己想在關中稱王。」項羽聽後大怒，當即發誓要滅掉劉邦，然而聽了項伯的一番花言巧語後，又打消了這個念頭，還同意劉邦前來謝罪，擺下了鴻門宴。在鴻門宴上，范增屢次示意項羽殺掉劉邦，可是項羽卻總是下不了決心，默默不應。後來范增見項羽拿不定主意，就自己招來項莊，讓他以舞劍為名，找機會刺死劉邦，不料項伯卻也拔劍起舞，暗中保護劉邦，項莊屢屢不能得手；面對項伯如此明目張膽的行為，項羽卻視而不見，姑息縱容，讓范增的計畫再度落空。項莊舞劍意圖未果，宴會上的氣氛依舊十分緊張，劉邦想走走不了，想留又不敢留。就在這個時候，樊噲來了，項羽聽說他是劉邦手下第一勇士樊噲，不禁稱讚，還賞賜給他一斗酒和一隻生豬肩。在樊噲與項羽談話間，劉邦藉口要

上廁所，溜出軍帳，騎著預先備好的馬逃走了。

這就是著名的鴻門宴，項羽就這樣失去了除掉劉邦的最好機會，被人評價為「婦人之仁，難成大事。」

優柔寡斷是一個人致命的弱點，它可以破壞一個人的自信心和判斷力，即不會相信自己，也不信賴他人，從而只能導致失敗。就如雍正皇帝批評浙閩總督高其倬時所說：「輾轉游移，毫無定見，若是則天下無可辦之事矣。」一個優柔寡斷的人，如果總是徘徊於各種意見之間，就很容易迷失自我，遲遲做不出選擇，後果就只能是錯失良機，處處落於人後，陷入被動的境界，被別人所掌控。因此，無論做什麼事，都要果斷出擊，速戰速決。

淡定更能出智慧

淡定是一種態度，遇事沉穩而又積極果斷；淡定是一種勇氣，行事放鬆自如，從容冷靜；淡定是一種風度，遇事不急躁，親而有度、順而有持；淡定是一種能力，深思熟慮而揚長避短，內省自知可有進有退；淡定是一種力量，氣定神寧，如巨岩阻浪，堅持不懈，如滴水穿石。淡定是一種思想境界，是一種心態，更是人生歷練後的虞智，是對生活感悟之後的態度；是涵養，也是心智的結晶，更是我們窮其一生不懈的追求。

人的一生，不如意事十之八九，貧與富、貴與賤、榮與

辱、得與失都是在所難免的，重要的是我們應當學會在生活中尋找一個平衡的支點。在面對生命的大喜大悲或者生死無常的時候，能以一種淡然的心態來對待一切，寵辱不驚，讓生活中的一些問題不成問題。

　　王羲之，晉代的著名書法家，出生於名門望族。他的兩位伯父是擁立司馬睿建立東晉的功臣，當時社會上就流傳著「王與馬共天下」的說法，王是指當時的宰相王導一族，馬當然就指當時的皇帝晉元帝司馬睿一族。王導的族兄王敦雖已位極人臣，享盡榮華，但他野心極大，一直覬覦著皇帝的寶座。

　　因為王羲之聰明、機靈深受王敦疼愛，王敦除了忙政務之外就是陪王羲之玩。有一次玩得太晚，王敦就讓小王羲之住在了他家，那時王羲之才十歲。第二天，王敦起床後不久，和他一起企劃謀反的謀士錢鳳急急忙忙的直奔王府大門，來找王敦商議謀反的事。談到一半，王敦突然神情激動的站了起來，說道：「糟糕，我忘記了床帳裡還有個人在睡覺！」這時，王敦才想起王羲之還睡在裡面。錢鳳冷冰冰的望了王敦一眼，「不管誰睡在裡面，為了自保，我們別無選擇，只有殺人滅口！」早就已被吵醒的王羲之，聽到錢鳳要王敦殺掉自己時，惶恐萬分！

　　謀權篡位的事情一旦走漏風聲，密謀者的身家性命就不保了。「唉，我最疼愛的侄兒啊！別怪伯父呀。」王敦做著艱難的決定走向了床帳旁邊。當他掀開床帳正要砍下去時，便見小王

羲之流著口水，打著酣睡得正香，王敦愛憐的看著熟睡的小羲之，很慶幸談話沒有被他聽到。就這樣，王羲之憑著自己的機警和冷靜逃過了一場災難。

人生不如意事十之八九。十歲的王羲之能在生死關頭，沉著冷靜，寵辱不驚是一種勇氣，更是一種智慧。勇者從容，智者淡定，越是危難的時刻越能顯示一個人的心態和智慧。

「但使龍城飛將在，不教胡馬度陰山。」這是對西漢時期飛將軍李廣的寫照。李廣是歷史上的一代名將，西漢三朝元老。

李廣一生以打硬仗而聞名。漢景帝時，匈奴入侵上郡（今陝西榆林東南魚河堡），景帝派一名寵信的宦官同李廣一起統率軍隊抗擊匈奴。一次宦官帶著幾十個騎兵出獵，途中遇到三名匈奴騎士，與其交戰，結果，匈奴人射殺了所有隨從衛士，還射傷了宦官，宦官慌忙逃回報告給李廣。李廣認定三人是匈奴的射鵰手，於是親率百名騎兵追趕那三名匈奴射鵰手。

匈奴射鵰手，因為是步行，很快被趕上了，李廣親自射殺了兩名匈奴射鵰手，生擒一名。剛把俘虜縛上馬準備往回走時，匈奴數千騎騎兵趕來，見到李廣的軍隊，以為是漢軍誘敵的疑兵，就立刻上山擺開陣勢。李廣的一百名騎兵，十分害怕，都想掉轉馬頭往回跑，李廣就對他們說：「我們離大營有數十里遠，如果我們這時候往回跑，匈奴會把我們射殺乾淨，如果我們照舊前行，他們便會以為我們是誘兵，不敢對我們下

手。」李廣命令所有的騎兵前行，一直走到離匈奴陣地不到二里多路的地方才停了下來。這時他又下令所有的騎兵都下馬解鞍，他手下的騎兵說：「敵人離我們這麼近，為什麼要停下來？」李廣回答說：「我們按兵不動，讓敵人堅信我們是誘兵。」匈奴果真不敢冒攻。一名騎白馬的匈奴將領這時出陣，李廣隨即帶領十幾個士兵騎上馬射死了他，然後重回部隊，放下馬鞍。他命令他的士兵全部放開馬匹，臥在地上。

　　這時天色已晚，匈奴兵始終覺得他們可疑，又不敢前來攻擊。到半夜時分，匈奴以為漢軍在附近有伏兵，想乘夜襲擊他們，便引兵而去。第二天一早，李廣率軍回到了部隊。李廣能夠率軍全身而退展現了他臨危不亂且有急智的良好軍事素養。

　　淡定與從容是閱盡滄桑的醒悟，了然於胸的坦然。不論是王羲之還是李廣他們都能在危急關頭保持冷靜，以淡定處事，化險為夷，這是智者的風範。現實生活中，我們未嘗不能如此，面對喧囂複雜的現代社會我們的內心需要一份淡定，不以物喜、不以己悲，超脫的面對外界環境的紛繁和喧囂。

第一步做好人，接下來做好事

　　做人與做事孰輕孰重，這是歷來被爭論的一個話題，是人們不同的世界觀和價值觀之間的較量。是要「損人利己」還是要「寬以待人」？在人生的不同階段，成功都有其不同的標準和意

義，但做人則是證明一個人成功的唯一一個恆久性標誌。成功人士談論成功心得時，百分之八十講的都是做人的道理，做事只占百分之二十。所以，人生路上做人遠比做事重要。

一個人的成功與否，與他是否有過轟轟烈烈的業績並沒有太多、太直接的關係，關鍵是在於他的為人，一個人不管有多聰明，多能幹，也不管其背景條件有多雄厚，倘若不懂得如何做人，那麼他也是失敗的。

古今中外的優秀領導者，大多都是因為人格魅力而吸引人們追隨，平民出生的漢高祖劉邦與明太祖朱元璋，憑什麼能讓才能都高於他們的人為其打天下？美國第一任總統華盛頓，為何又會被人推舉為總統？人格的魅力往往能吸引更多人的追隨，不會因為時間的流逝而減少，只會越來越多。這也是這些領導人最成功的地方。因此，做人成功才是真正意義上的成功，你是什麼樣的人遠比你做的事情來得重要，所以，先做好人，再做好事。

東施效顰不可取，要活出真實的自己

東施效顰的典故出自《莊子‧天運》：「故西施病心而顰其里，其里之醜人見而美之，歸亦捧心而顰其里。其里之富人見之，堅閉門而不出；貧人見之，挈妻子而去之走。」曹雪芹《紅樓夢》第三十回：「若真也葬花，可謂「東施效顰」了，不但不

為新奇，而且更是可厭。」東施效顰比喻盲目的模仿別人，效果極壞。

西施是歷史上的「四大美女」之一，是春秋戰國時期的越國人，她的一舉一動都十分迷人，沒有人不驚歎她的美貌。

西施身體不好，有心痛的毛病。一次，在洗完衣服回家的路上，心痛的毛病又犯了，因為胸口痛，所以她就皺著眉頭，用手扶住胸口。雖然她很難受，但是她皺起眉頭嬌媚柔弱的樣子卻更加迷人，見到她的村民們也都稱讚她，說她這樣比平時更美麗了。

同村有個女孩叫東施，長相一般，見到西施蹙眉的樣子更加迷人，於是就照樣學樣，也蹙著眉頭，扶著胸口，以為這樣就會漂亮一些，會有人稱讚。因為東施長得並不好看，再加上她的刻意模仿，使她的樣子更加醜陋，更加讓人厭惡。人們看到她裝腔作勢的怪樣子，富人看見趕緊關大門，窮人看見則是急忙拉著妻子和孩子躲得遠遠的，人們見了怪模怪樣的東施就像是見了瘟神一樣。

東施只知道西施皺著眉頭、捂著胸口的樣子美麗，卻不知道這是因為西施本身貌美的原因，東施刻意去模仿，結果反被人譏笑，給後人留下「東施效顰」的笑話。

每個人都要根據自己的特點，揚長避短，尋找適合自己的形象，盲目模仿別人的做法往往適得其反，遭人譏笑，是愚蠢

的表現。學習他人的長處以提高自己，這是值得肯定的，但是不知所以然，而是去刻意模仿，這樣不僅會失去自我，而且還會適得其反。世界上最可悲的人就是沒有自我的人，他們從來沒有真正的為自己活過，總是在走別人走過的路，這樣的人生不僅沒有意義，這個人也永遠只是他人的影子。

有這樣一句格言：「我堅持我的不完美，他是我生命的真實本質。」能夠面對真實自我的人，不僅有自知之明，同樣也是自我肯定的表現。每個人都有其獨特之處，為什麼不接受真實的自己，發掘自身的優點而要刻意模仿他人？有些事情，別人做得好，到自己未必就行，與其模仿別人還不如充分利用自己的優勢，讓別人來羨慕你！如果，我們能把自己獨特的才能發揮出來，「魅力」、「與眾不同」這些字眼就會向你招手。

與其模仿別人，我們不如利用自身的特點設計自己的未來。

在美國音樂界，金‧奧特雷這個名字可謂是無人不曉，他獨特的音色與演唱風格為他贏得了數不盡的鮮花和掌聲。但有誰知道，他曾經想要改掉他的鄉音。

金‧奧特雷出生於美國德克薩斯州的鄉下，剛到紐約發展時他覺得自己滿口的家鄉話既難聽又土氣。為了能像城裡人一樣說話，決定改掉自己的鄉音，從此他便自稱是紐約人。在與人交流時他也是小心翼翼的，一板一眼的遵循著當地紳士的行為標準。但是儘管他處處精心模仿，人們還是看出了他的矯

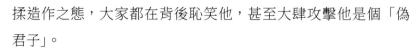

揉造作之態，大家都在背後恥笑他，甚至大肆攻擊他是個「偽君子」。

得知他人對自己的評價後，金‧奧特雷一時陷入了極度的迷茫中，他不知道自己應該怎麼做。想了許久之後，他決定做回原來的自己——如果造假是令人討厭的行為，那麼就來真的吧，哪怕人們因此更笑話自己的土氣，最起碼自己活得不會那麼累。後來，他開始彈奏五弦琴，唱他的西部歌曲，但是連金‧奧特雷自己也沒想到，當他操著自己原有的音色演唱家鄉的老歌時，聽眾們竟然聽得如癡如醉。從此，他便開始了他那了不起的演藝生涯，並最終成為世界上，在電影和廣播兩方面皆頗負盛名的西部歌星之一。

每個人都是獨一無二的，保持本色，顯現出個人的特點，你才可能盡快抵達夢想的彼岸。雖然模仿別人也是一種生存方式，但那就像假幣一樣，即便你被接受，你自身也並無多大價值。我們每個人的個性、形象、人格都有其相對的潛在性和獨特性，我們完全沒有必要去羨慕他人，總有一天我們也會讓別人來羨慕我們，大踏步的向前走，留下屬於自己的腳印，才能夠活出真正的自己。

答案顯而易見

問題本來是簡單的，可是我們卻把它變得複雜了！人就是

這樣，往往喜歡把簡單的問題複雜化，原本顯而易見的答案，卻視而不見，而要大費周章的去尋找。

有時候，答案就在眼前，我們卻視而不見，是接受了的高等教育把我們腦的結構複雜化了，還是成長的經歷讓我們想問題不再簡單？其實生活也是一樣。很多的人生問題就如同面對顯而易見的答案我們卻總是視而不見，總喜歡往複雜的方面想，喜歡繞彎路。

一個姓高菲德的美國青年，一直找不到自己的人生目標。從讀大學開始，在八年內他已經走過了美國東西海岸分屬四個州的六座都市，至少換了十六份工作。他所從事的所有工作都是在基層，從來沒有在一個工作職位上待到讓自己有機會升遷。三十歲時，暫時失業，家人叫他別再混日子，並認定他是個逃避責任的人。但高菲德並不是在逃避責任，只要是他認為該做的，他就可以每天開開心心的工作十六個小時，他太渴望找到生活的熱情了，並且一直在尋找自己人生的答案。

高菲德痴迷於運動，他欽佩迪克‧韋特在運動場上連續工作十六個小時的工作熱情，認為老虎伍茲算不了什麼高爾夫球高手，本‧霍根才算是真正的高爾夫球高手。高菲德認為自己就如霍根一樣，不被人了解。他一直在為自己的人生沒有熱情而苦惱，在別人看來這是不可能找到的，勸他放棄，但他還在堅持，甚至跑遍了全美國去尋找答案。

第一章　做人也可以很巧妙

　　其實在高菲德的內心深處是有熱情的影子的，就是幫助別人改進高爾夫球技，這也是他最喜歡做的事。之前從來沒有想過可以把高爾夫球運動當做一種可以說明人的方式，他每次想把打高爾夫球當成職業時，總有人給他潑冷水，他以前因為不知道自己做什麼還去聽過每節一百美元的講習課，因為威爾遜是矽谷最權威的職業諮詢師，以幫助創業者發現自己的夢想而聞名，但是他的這一次課程卻以失敗告終。因為，諮詢師認為，教人打高爾夫不符合他大學生的身分。

　　凡事一旦上升到夢想的高度，完成起來就比較困難。教人打高爾夫球並不需要太專業的球技，但高菲德卻把它看得很重要，也太注意別人對自己的看法，這也是他花了八年時間一直找不到答案的原因，其實答案早已浮出水面，他一直在為自己的夢想做準備了，那就是在他的床底下藏著兩個手工製作的器具——一個揮桿練習器和一根安裝了新式握柄的推杆，這完全是他自己的發明創造，他說：「有了這種新式推杆，我就能幫助更多打高爾夫球的人，幫他們把角度放得更寬。」

　　高菲德花了八年的時間一直在找的熱情，一直藏在床底下，只是因為不被了解和認可而一直埋藏著。顯而易見的答案卻被他弄成了一個人生難題。

　　上述案例都旨在說明一個問題：「我們把簡單的問題都複雜化了」。高菲德尋找的答案其實一直在他的心裡，他喜歡運動，

喜歡高爾夫，喜歡幫助別人，但是從來都沒有人支持他和肯定他，別人對他的高爾夫夢想多是潑冷水，所以他不知道這輩子自己到底想要做什麼，為這個問題他花了八年的時間和所有的積蓄尋找答案，就是為了尋找生活的熱情。那兩把手工器具就是他熱情的象徵。其實他只要堅持自己想要的，不管他人對自己的看法，就能很快的找到自己的人生志向。

　　人生的一些經歷讓我們的思想變得複雜，所以我們看問題往往也不會往簡單的方面去想，這也是我們喜歡把簡單的問題複雜化的一個原因。生活其實很簡單，就如一位智者所說「人生其實很簡單，就像吃飯一樣，把吃飯的問題搞明白了，所有的問題也就都搞明白了。」所以，我們原本可以簡單的生活，但我們的心和我們的思想卻把一切都變得複雜了。

不要學「不留餘地的狼」

　　《不留餘地的狼》這個故事雖然沒有太曲折的故事情節，但是它卻貼近我們的生活，深富哲理：

　　有一隻狼，發現山腳下有個洞口是所有動物的必經之口，因為自己偉大的發現，牠很興奮，牠想只要堵住山洞就可以有動物自己送上門來了，於是，牠堵上了洞的另一端，專等動物們來送死。

　　第一天，來了隻羊。狼追上前去，羊拼命的逃。突然，羊

31

找到一個可以逃生的小洞，從小洞倉皇的逃走了。狼氣急敗壞的堵上那小洞，心想，再也不會功敗垂成了吧。

第二天，來了一隻兔子。狼奮力追捕，結果，兔子，從洞側面的更小一點的洞逃走了。於是，狼把類似大小的洞全堵上。狼心想，這下萬無一失，別說羊，兔子就連雞、鴨等小動物也都跑不了了。

第三天，來了一隻松鼠。狼飛奔過去，追得松鼠上竄下跳。最終，松鼠從洞頂上的一個通道跑掉。狼非常氣憤，於是，牠就堵塞了山洞裡所有的窟窿，把整個山洞堵的水洩不通。狼對自己的傑作非常得意。

第四天，來了一隻老虎。狼嚇壞了，拔腿就跑。老虎窮追不捨，狼在山洞裡跑來跑去，由於沒有出口，無法逃脫，最終，被老虎吃掉了。

行不可至極處，至極則無路可續行；言不可稱絕對，稱絕則無理可續言。意思就是說，凡事都應留有餘地，留有餘地才有足夠的迴旋空間，否則只能像狼一樣自取滅亡。生活中，很多人都像這隻狼一樣，不給別人一點機會和退路，其實換個角度想想，與人方便自己方便，給別人留餘地其實也是在為自己。

東漢明德皇后馬氏，是東漢明帝唯一的一位皇后。她是東漢開國功臣伏波將軍馬援的小女兒。馬援為人正直，為官清廉，從不討好皇親國戚，為此得罪了不少人，在馬援最後一次

出征五溪時，因感染瘴氣死於軍中，光武帝派梁松代領軍隊，梁松藉機陷害馬援，說他擄奪民間珍寶。光武帝聽信讒言，追繳馬援的新息侯印綬，還不許他入葬祖墳，用一張草蓆就給埋了，馬家的地位也因此一落千丈。

馬援死後，他的兒子不久也憂鬱而死，馬夫人因遭受不了太多打擊，過度悲傷而一病不起。家中的重擔就落在了這個年僅十歲的小女孩，即馬皇后身上。無論是家庭內部的事還是同外界的關係，這個小女孩都處理得井井有條，就像一個大人一樣，讓人為之驚歎。因為馬援生前得罪的人太多，在他死後，很多人伺機報復，為了改變馬家的境況，馬援的侄子馬嚴上書光武帝，請求讓馬援的女兒入宮做王妃，或許是因為光武帝念著馬援的舊情，便選了馬援的小女兒入太子宮。

馬皇后十三歲被選入太子劉莊的宮中。她入宮後悉心侍奉陰皇后，待人又和藹可親，與宮中上下都相處得十分融洽，因此深得陰皇后的喜愛。太子劉莊對她更是寵愛異常。劉莊即位後封她為貴人。她與皇上十分恩愛，但因為不能生育要想成為皇后確實有點困難，何況當時還有一位陰貴人，是明帝的表妹，皇太后的親侄女。可出乎許多人預料的是，皇太后陰麗華下旨說馬妃「德冠後宮，宜立為后。」於是，馬妃得以成為正宮皇后，養子劉炟也成為皇太子。養子劉炟雖不是馬皇后親生但卻勝過親生，母子情感很深厚。成為皇后之後，她並沒有伺機

報復那些讒害她父親的人，反而卻顯得更加謙卑。因為不能生育又擔心明帝子嗣不多，還另選年輕美麗的侍女給太子侍寢。她不但沒有絲毫的嫉妒，反而對侍寢女子噓寒問暖，照顧有加。

馬皇后知書達禮，她懂《周易》，好讀《春秋》、《楚辭》，特別喜歡《周禮》和董仲舒的著作。常以正統的儒家思想規範自己的行為並影響漢明帝和其他妃嬪。她生活節儉，衣著樸素，裙邊也不加裝飾，但卻顯得又十分優雅，令後宮對其十分敬重。她經常幫明帝處理政務，但又不因此干預朝政，最為可貴的是她反對自己的親屬因為自己的地位得到特殊的提拔和封賜。這樣，明帝對她越加敬重，始終恩愛不減，朝中大臣對她也敬佩有加。所以，她的皇后位置十分穩固。

明德皇后為人處事，處處留餘地。她得意時不把皇帝的寵愛一個人占全，更不因公徇私，為她的家人謀私利。貴為皇后的她，穿的卻是粗布衣服。她幫忙處理政務，卻從不干預朝政。她待人寬容，為人處世處處留餘地。所以後宮對她很敬重，朝中大臣敬佩她，而皇帝對她的愛更是有增無減，她的皇后地位也沒有因為不能生育而受到影響。正如《菜根譚》所說：「滋味濃時，減三分讓人食，路徑窄處，留一步與人行。」留人寬綽，於己寬綽；與人方便於己方便。

人得意時不把各種好處占全，不把所有功名占滿，實在是很好的堅持了為自己留餘地的「天規」。這樣不但不會使自己

招至損害，而且還使自己在未來的人生旅途中進退有據，上下自如。

你敬他一尺，他才會還一丈

春秋戰國時期的名相晏子，不輕易交友，但他的朋友卻很多，又都情深義重，甚至有人甘願為他付出生命，北郭騷就是其中的一個。因為晏子曾經分了些糧食給北郭騷，養活了他的母親，所以當晏子有難時，不惜以生命為代價，替晏子洗清冤屈。

晏子是春秋後期一位重要的政治家、思想家、外交家。他機智過人，能言善辯，體恤百姓，忠於國家，深得人民敬愛。

在晏子任齊國宰相的時候，齊國有個叫北郭騷的名士，為人仗義，是個出了名的大孝子。因為家境貧寒，靠結獸網、編蒲葦、織麻鞋為業來奉養他的母親，但仍不足以維持生計。他聽說晏子禮賢下士，寬厚愛人，所以只好去求見晏子，說：「我一直很仰慕先生的仁義。希望得到先生的幫助以奉養母親。」晏子久聞其名，覺得他人品好，不但熱情的接待了他，還派人分了些糧食，金錢給他，可北郭騷謝絕了金錢，只收下了糧食。從此兩人便成了好朋友。

月有陰晴圓缺，人有旦夕禍福。過了不久，晏子被小人進讒言，遭景公猜忌，難以繼續留以輔國，晏子逃亡他國，途徑

北郭騷家便特意停留告別，並詳細講述了自己的不幸遭遇，可北郭騷只是說了一句「請好自為之」。

沒有想到的是，晏子走後，北郭騷找來他的朋友，說：「我敬重晏子的仁義，與之相交。曾向他乞求幫助奉養老母。我聽說，對奉養過自己父母的人，要替他承擔危難。如今晏子受到國君的無端猜忌，我將用自己的死為他洗清冤屈。」於是，北郭騷換好衣冠，請朋友攜劍和竹筐跟隨，前往皇宮覲見齊景公。

北郭騷與其友人來到宮廷門前。懇求通報的官吏說：「晏子是天下最好的宰相，卻遭受讒言，現在要離開齊國而去，這是齊國的不幸。敵人一定會趁機入侵，齊國必定遭受大亂。我不想看見國家生靈塗炭，所以我願以頭顱向國君證明晏子的清白。」接著對他的朋友說：「請把我的頭裝在筐中，捧過去託付給那個官吏。」說罷，退下幾步自刎而死。於是，他的朋友含著熱淚，捧著裝了頭的竹筐過去，對那個官吏說：「這位北郭先生是為國家而死的，我將為北郭先生而死。」說罷，也退下幾步自刎而死。

齊景公聽說，宮廷外一下死了兩位義士，而且都是因為晏子，不禁大驚失色！景公生怕事態變大，失去民心，便親自乘著馬車去追趕晏子，在國境線邊緣趕上晏子，請求晏子回去。

只因為晏子曾經幫助過北郭騷養活他的母親，北郭騷就以生命為代價，為晏子澄清猜忌。即說明了北郭騷講義氣，又表

明晏子深得人心。孔子非常佩服晏子交朋友的態度。因為晏子能讓友誼地久天長。時間越久，友情就越深。晏子之所以能讓友情地久天長的要訣是他奉行「久而敬之」這個原則。交往越久，他對人就越恭敬有禮，別人對他也越尊敬。晏子從不濫交朋友，他的朋友都是有德行的人，所以，一旦交了一個朋友，那就是一輩子的友情。

現實中的我們，沒有幾個能對朋友「久而敬之」的，往往都是交了新朋友就忘記聯繫老朋友，所謂的朋友很多，但交情深的又能有幾個？而且我們對待友情往往有這樣的誤解，尤其是對關係親密的朋友，認為：「摯友之間不需要講究禮儀，因為好朋友之間就如同兄弟姐妹，講究禮儀就顯得親疏不分、十分見外了。」所以在親密的友人面前經常口不擇言，殊不知在不知不覺間傷了感情，留下永遠的傷疤。朋友之間再熟悉、再親密，也不能不恭不敬，否則，默契和平衡將被打破，友好關係將不復存在。維持朋友親密關係的最好辦法是往來有節，互不干涉，「久而敬之」才能天長地久。

友誼能否長存是以相互尊重為前提的，容不得半點強求。你敬朋友一尺，他才會敬你一丈。那些只懂一味索取的人，早晚會被朋友拋棄，因為沒有人願意當你的「提款機」。

有捨才能有得

　　孟子在兩千多年前就已闡釋了捨與得之間的取捨道理：「魚，我所欲也，熊掌，亦我所欲也，二者不可得兼，舍魚取熊掌者也；生，我所欲也，義，亦我也欲也，二者不可得兼，捨生取義者也。」人生面臨的就是千千萬萬道的單項選擇題，這讓我們不停的在選擇與放棄之間徘徊。捨得捨得，有捨才會有得。這句被說得爛俗的話，卻是最富人生道理的哲理。

　　捨與得就如水與火、天與地、陰與陽一樣，是既對立又統一的矛盾，相生相剋、相輔相成。萬事萬物均在取捨之間，達到和諧、統一。捨棄是一種智慧，也是一種境界，懂得捨棄的人往往會有大收穫。

　　一個小男孩，父親去世得早，家裡又很貧窮。於是，為了生存，他便去街上乞討。

　　有一天，有個人給了小男孩一張一美元和一張十美元讓小男孩拿，但這個小男孩卻只拿了一美元，放下那十美元。人們還以為是小男孩不好意思拿人家更多的錢。後來有人故意逗小男孩，但是小男孩還是只拿一美元，放下十美元。於是這件只要一美元而不是十美元的事就傳了出去，小男孩也就小有名氣了。

　　這件事情越傳就越有人拿錢來逗小男孩，但是小男孩始終

只拿一美元，放下十美元。有些人覺得很好玩就反覆拿出一美元和十美元放在小男孩的面前，只為了看小男孩放棄十美元的傻瓜相。有人甚至連續十次拿了一美元和十美元讓小男孩選擇，男孩依然選擇了十次一美元。逗小男孩的人就問小男孩：「你為什麼不一次拿十美元，而要分十次拿我的一美元呢？」小男孩故意沒有回答。如果有人還拿一美元和十美元在他面前，他還是會只拿那一美元。後來家裡人問小男孩：「你到底是因為什麼只拿人家一美元而不是十美元呢？」小男孩回答說：「我要是拿了人家十美元的話，那我與其他乞丐就沒什麼區別了，人家也不會故意再拿錢來逗我了。」

在別人看來男孩很傻，但是他卻是真正的聰明，他懂得捨小以謀大的道理，為了源源不斷的一美元的長遠利益而放棄了快速得到十美元的機會。這個小男孩後來成為了一個政治家。

捨得捨得，有捨才有得，看淡生活，心平氣和。就像徐志摩詩中的一句話：「得之，我幸；不得，我命。」如此而已。捨，看起來是給別人，實際上是為自己，是為了得到的更多。百年的人生就是一捨一得的重複。

捨得既是一種生活的哲學，更是一種處世與做人的藝術。朋友是人生中無形的財富。較之小氣、吝嗇的人來說，大度、豪爽的人的人緣更好，更容易結交朋友。就比如劉邦和項羽，無論是才學還是家世，項羽都要比劉邦有優勢，但為什麼最後

第一章　做人也可以很巧妙

劉邦得到了天下，項羽卻自刎烏江？就因為劉邦出手大方、為人豁達，很受歡迎。項羽雖然對人恭敬慈愛，但又不捨得封賞有功的人，因為這樣失去了很多將才。

劉邦，中國歷史上第一位平民皇帝。

身為農民的劉邦，不會做務農卻深諳交友之道。他性格豪爽、慷慨大方，以信陵君為偶像，網羅了些三教九流的朋友。與朋友一起出去時，往往是口袋裡有多少錢就花掉多少，一分不留。他好吃懶做的壞名聲在當地已是小有名氣了。家人對他的這種行為很是不滿，擔心他以後會成為好吃懶做的人。他這些三教九流的朋友成為了他日後發跡的幹將。

屠夫樊噲，虎背熊腰，力大無窮，是劍術高手，粗中有細，為人忠誠，講義氣、重友情，從不為自己的利害著想，和劉邦感情最好。劉邦的朋友多，經常會為樊噲拉來些生意，而且從來不要回扣，因此樊噲非常敬重他，視他為「大哥」。只要劉邦有事，樊噲必是赴湯蹈火，在所不辭。經樊噲引薦，劉邦結識了樂師周勃，自和劉邦結識後，周勃立即將劉邦引為知己。經周勃與樊噲介紹，劉邦又結識了在縣衙當馬夫的夏侯嬰。夏侯嬰的性格與劉邦極為相似，所以認識夏侯嬰後不久劉邦便和他成了莫逆之交。就這樣又認識了蕭何、曹參……這些都是為劉邦打天下的幹將。

韓信曰：「漢王遇我甚厚，載我以其車，衣我以其衣，食

我以其食。吾聞之，乘人之車者載人之患，衣人之衣者懷人之憂，食人之食者死人之事。吾豈可以向利背義乎？」就因為漢王讓韓信乘他的車，穿他的衣服，分了一杯羹就贏得了漢朝的半壁江山。要知道，漢朝一半的天下是韓信打下的。

電影《臥虎藏龍》中有一句很經典的話：「當你緊握雙手，裡面什麼也沒有；當你打開雙手，世界就在你手中。」劉邦將雙手攤開，用他的豪氣擁有了天下；項羽「至使人有功當封爵者，印刓敝，忍不能予，此所謂婦人之仁也。」也只有自刎烏江的命運。俗話說，人脈就是命脈，多個朋友多條路。生活中，我們同樣喜歡結交大方、豪氣的朋友，這樣的人，人脈較廣，與這樣的人交朋友會很輕鬆快樂，還會結交更多的朋友。相反，小氣吝嗇的人不捨得友情投資，當然也不會有收穫，人脈也就不會廣。所以說，舍是一種無形的資產，是一筆無形的財富！不但是舍財，還要舍力，肯為別人幫忙出力，別人才會來幫助你。

「捨」與「得」就如同「因」和「果」，因果是相關的，捨與得也是相互的。捨是一種智慧，是一種豪氣，是更深層面的進取。我們之所以覺得壓力大，是因為我們背負太重，之所以背負太重，是因為我們不會放棄。因為不肯捨棄對名與利的追求，所以就不能得到身心的快樂以及自由的生活。詩人泰戈爾說：「當鳥在翅膀上繫上黃金時，就飛不遠了。」學會放棄，才能卸下人生的種種包袱；懂得放棄，才能擁有一份成熟，才會

更加充實、坦然和輕鬆。

一個籬笆三個樁，一個好漢三個幫

　　與人交往時，你怎樣對待別人，別人也會怎樣對待你。你若以誠待人，別人也會以誠待你。你若敵視別人，別人也會敵視你。最真摯的友情和最難解的仇恨都是由這種「反射」原理逐步造成的。因此，如果你在關鍵時刻幫助過別人，那麼在你需要幫助的時候，別人也會拉你一把，這就是「投之以李，報之以桃」的因果關係。

　　關鍵時刻幫人一把，比平時溜鬚拍馬，費盡心機有用得多。《趙氏孤兒》中，程嬰與公孫杵臼的俠義肝膽被人稱頌，但是他們二人之所以能置個人利益於不顧，將生死置之度外，正是因為趙氏對他們有恩。

　　春秋戰國後期，晉國大臣趙盾輔佐晉襄公，使晉國逐漸強大。襄公死後，其子晉靈公繼位，荒淫無道，殘害臣民。趙盾多次勸諫，靈公不但不聽，反而懷恨在心，趙盾不得已而出逃。後來他的兄弟趙穿發動政變，殺了靈公，擁立襄公的弟弟即位，為晉成公。這時趙盾又被請回來，主持朝政。成公死後，兒子景公繼位。

　　在景公繼位後不久趙盾去世，兒子趙朔嗣位，並娶了成公的女兒，景公的姐姐莊姬為妻。趙家的勢力也越來越大。佞臣

屠岸賈是晉景公的寵臣，他自晉靈公時期以來就與趙盾不和，出於嫉恨，奸佞小人屠岸賈就挑撥景公與趙家的矛盾，他對景公說：「靈公遇難，禍首是趙盾，以臣弒君，應當滅族。」如今趙盾雖死，但其子孫卻掌握朝政大權，很可能會謀反，力主誅殺趙氏。景公聽信讒言，下令誅殺了趙氏一族三百多口人。

趙朔的妻子因公主身分，倖免於死。她回到王宮，生下遺腹子。這就是歷史上所說的「下宮之難」。屠岸賈聞訊，趕到宮中搜索，想斬草除根。公主就把嬰兒藏在了褲子裡，屠岸賈沒有得逞。隨後，莊姬公主以看病為由，把趙家的摯友、鄉間醫生程嬰召進內宮，含淚請求程嬰救孩子出宮。程嬰把趙武放進藥箱準備帶出宮門。守將韓厥見程嬰一腔正義，十分感佩，放走了程嬰和孩子後自己拔劍自刎。屠岸賈追查不到趙氏孤兒的下落，氣急敗壞，宣布要把全國半歲以內的嬰兒全部殺光。為了保全趙氏孤兒和晉國所有無辜的嬰兒，程嬰與公孫杵臼商議再三，決定用「掉包之計」，於是程嬰獻出了自己還在襁褓中的親生兒子代替趙氏孤兒，交給公孫杵臼，然後由程嬰親自去向屠岸賈告發。屠岸賈聽信了程嬰的舉報，殘忍的殺死了公孫杵臼和「假趙孤」（也就是程嬰的兒子）。程嬰面對這一切，只有強忍悲憤，默默承受。

忍辱負重的程嬰為了將趙孤撫養長大，頂著世人的「賣友求榮」的唾棄培養著趙孤，終於在多年後，知曉身世的趙孤親手

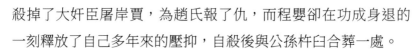

殺掉了大奸臣屠岸賈，為趙氏報了仇，而程嬰卻在功成身退的一刻釋放了自己多年來的壓抑，自殺後與公孫杵臼合葬一處。

程嬰與公孫杵臼之所以這樣幫助趙氏，是因為趙盾生前對他們有知遇之恩，所謂「滴水之恩當湧泉相報。」在這裡得到了最好的詮釋。

真的佩服古人的「忠」和「義」。這是物欲橫流的現代社會所缺少的，在現今社會中有誰還能像程嬰一樣，寧可捨棄自己的親生兒也要為恩人留住香火，報仇雪恨？有誰會為了朋友而犧牲自己的生命？「危難之中見真情」，很多人在接受別人真誠的幫助之後，總能以更真誠的感激回報別人。人與人之間的交往是平等的，一個人只有熱情而又無私的去幫助他人，他人才會以相同的方式回報你。

俗話說：「一個籬笆三個樁，一個好漢三個幫。」一個人的力量總是有限的，人不能脫離群體而存在。一個人再怎麼強大都無力解決生活中的所有問題，任何一個人都離不開他人的幫助和關心。現如今的小貓小狗都要被關心，更何況是人？所以，我們應該伸出溫暖的手助他人一臂之力，幫助那些需要幫助的人，尤其是在一個人遭受挫折的時候，你的幫助猶如「雪中送炭」，會植根在他人的心裡，更顯珍貴，在你需要幫助時，他人也會真誠的來幫助你。

刀刃上的「聰明」才是真聰明

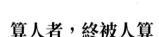

第二章　刀刃上的「聰明」才是真聰明

算人者，終被人算

　　精通權術的秦朝丞相李斯，與宦官趙高偽造秦始皇的遺詔，改立秦二世為主，最後卻被趙高讒害，腰斬於市；秦二世胡亥，為了稱帝，夥同趙高殺了自己的兄弟姐妹，在秦朝危機四起時卻又被趙高所殺；趙高殺了二世後立子嬰為王，最後卻又被子嬰殺害。算人者，終被人算，這是千古不變的真理。

　　趙高，中國歷史上的第一大奸臣。趙國人，秦始皇聽說他身強體壯，又通律法，於是提拔他為中車府令掌皇帝車輿，還讓他做幼子胡亥的老師，教胡亥律法。由於趙高善於察言觀色，逢迎獻媚，因而很快就博得了秦始皇和公子胡亥的賞識和信任。

　　趙高丈著秦始皇對自己的寵愛和信任，在秦始皇死後，利用職位之便，與李斯合謀篡改詔書，改立胡亥為帝，逼死了始皇長子贏扶蘇、殺了十二公子、十公主及大將軍蒙恬、右丞相馮去疾等人。

　　胡亥即位後，升為郎中令。這時能與趙高抗衡的只有丞相李斯了，趙高順勢把矛頭指向了李斯。李斯不是等閒之輩，想要搬倒他沒有那麼容易。於是趙高便給李斯設了一個圈套讓他去鑽。他誘使秦二世沉迷於酒色，不理朝政，然後又以憂國之心讓李斯規勸二世，在秦二世玩的起興的時候讓李斯去觸霉

頭，引起秦二世的反感。然後趁機說李斯的壞話，說李斯權重威脅二世，於是秦二世下令由趙高處置李斯，秦二世二年，李斯被趙高定以謀反罪。五刑與腰斬並施，並誅九族。

《史記·李斯列傳》中有這樣的一段——臨刑前，李斯對二兒子說，「我真想和你一起再牽著黃犬出上蔡東門去狡兔，這日子還能再得？」實際這才是布衣馳騖的趣味。李斯一生追求富貴，他二十六歲離家求學，以四十二年時間才當上秦相，當秦相還不到五年。臨刑前才想重新回到起點，才體會到人生真正的樂趣。

李斯，秦朝著名的政治家，文學家以及書法家，協助秦始皇統一了天下，制定了法律，書同文、車同軌、統一度量衡、統一貨幣都是他提出的。他對秦始皇帝的統一大業做過很多貢獻。

李斯是個不惜一切代價而想得到功名的政客，他與韓非子同是荀子的學生。因為秦始皇很喜歡韓非子的才華，李斯很是嫉妒，於是就對秦王說韓非子的壞話，他說：「韓非是韓王的同族，大王要消滅各國，韓非愛韓不愛秦，這是人之常情。如果大王決定不用韓非，把他放走，對我們不利，不如把他殺掉。」秦王輕信李斯的話，把韓非子關了起來。最後逼得韓非子服毒自殺。焚書坑儒，李斯也是罪魁禍首。善於權術的李斯最後卻被趙高所殺！

第二章　刀刃上的「聰明」才是真聰明

　　李斯死後，秦王朝的大權全部掌握在趙高一個人的手裡。秦朝末年，農民起義已嚴重危及到秦王朝的統治，怠於政事的秦二世對此有所察覺，對長期專權的趙高產生了不滿。壞事做盡的趙高害怕二世追究他的過失，決定先下手為強，利用自己掌握的宮內外大權派親信強迫秦二世自殺，然後操縱政局，欲立秦二世之子公子嬰為秦王。秦王子嬰認識到趙高的險惡用意，經過周密的籌畫，在趙高督促其到宗廟受璽的時候，令早已埋伏好的手下揮劍殺死了趙高，結束了趙高罪惡滔天的一生。隨後子嬰素車白馬，手捧玉璽向劉邦投降，至此秦朝滅亡。

　　算人者，終被人算。李斯、趙高、秦二世，他們為了一己私利，殺害了很多人，最後卻反被人害。縱觀古今，有才無德者雖能得勢一時，但不會得勢一世。和珅是古代的一大貪官，在乾隆時代，享盡富貴，但到了嘉慶時期卻被砍頭；《紅樓夢》中的王熙鳳，可謂八面玲瓏，但她最終卻落得個「機關算盡太聰明，反算了卿卿性命」的下場。

　　一個總喜歡算計別人的人，一定也不會有自己信任的朋友，在他們的世界裡只有利益，沒有感情。人生在世，如果連一個可以信任的朋友都沒有，這樣還不悲哀嗎？

糊塗一點，並沒有什麼壞處

　　孔子說，「過猶不及」。意思就是說，事情如果做過了頭就

和沒有做是一樣的，不會有效果，所以，為人處事應當講求一個恰當，不偏不倚，適度才能恰到好處。

俗話說：「水至清則無魚，人至察則無徒。」水太清澈，魚都沒有辦法生存，而一個人如果太過於精明，太過於苛察，就不能容人，就不會有夥伴，有朋友。偉大的愛國詩人屈原就是因為「舉世皆濁我獨清，眾人皆醉我獨醒」而被放逐。

屈原，自稱是顓頊的後裔，經歷了楚威王、楚懷王和頃襄王三個時期，而主要活躍於楚懷王時期。二十六歲就擔任了楚國左徒兼三閭大夫。屈原出身貴族，因明於治亂，嫻於辭令，故早年深受楚懷王的寵信，位為左徒、三閭大夫。屈原對內積極輔佐懷王變法圖強，主張章明法度，舉賢任能，改革政治。對外堅決主張與齊國聯合，共同抗衡秦國。使楚國一度出現了國富兵強、威震諸侯的局面。但是屈原因為性格耿直，加之被小人嫉妒，遭到讒言，被排擠，逐漸被楚懷王疏遠。

因為令尹子蘭和上官大夫靳尚等舊貴族勢力本來就對屈原有所不滿，就在懷王面前說屈原的壞話，讓懷王漸漸疏遠屈原。有一次，在屈原起草的憲令還沒有定稿時，靳尚就想拿過來看，屈原不肯，他便跑到楚懷王面前說屈原的壞話。說屈原貪功為己有，不把懷王放在眼裡。懷王信以為真，非常生氣，就免去屈原的左徒之職，把他降為三閭大夫，放逐到漢水一帶。

張儀是秦國的丞相，他了解楚懷王貪婪的個性，於是藉此

第二章　刀刃上的「聰明」才是真聰明

機會欺騙懷王要其以斷絕齊國之交換取秦國割讓六百里地，懷王中計，只得到六里地，非常惱怒，遂於西元前三一三年興師伐秦。楚國曾經的盟友齊國因楚懷王毀約而「怒不救楚」，最後楚國慘敗。楚懷王這時又想起了屈原，派他出使齊國，以修補雙方的關係。秦國知道後，派張儀再次到楚國遊說。楚懷王想起張儀的欺騙行為，要殺他。然而張儀買通靳尚、鄭袖等人，勸楚懷王不要與秦國交惡，楚懷王聽進這個意見，遂放了張儀。

西元前二九九年秦國攻占了楚國八座城池，秦昭襄王約懷王在武關會面。懷王答應了。屈原認為不可，他對楚懷王說，「秦虎狼之國，不可信，不如毋行。」懷王的小兒子子蘭卻勸懷王赴會，說是「奈何絕秦歡？」楚懷王不聽屈原勸阻最終還是去了，結果被秦國扣留，秦王脅迫懷王割地，懷王不肯。懷王被扣留期間，楚人立太子為王，即頃襄王。

頃襄王是一個昏君，他任命弟弟子蘭為令尹（楚國的最高行政長官）。屈原看到國家一天天走下坡路，心急如焚，他一再勸說頃襄王要遠小人，勵精圖治，有所作為。但這引起子蘭的仇恨，他聯合上官大夫在頃襄王面前誹謗屈原。昏庸的頃襄王與他的父親懷王一樣，對讒言不加分析，就信以為真，把屈原逐出了都城。

西元前二七八年，秦國大將白起帶兵南下，攻破了楚國國都，屈原的政治思想破滅，對前途感到絕望，雖有心報國，卻

無力回天，只得以死明志，就在同年五月五日端午節這天投汨羅江自殺。

屈原因為「舉世皆濁我獨清，眾人皆醉我獨醒」與「濁世」格格不入，而屢遭排擠，鬱鬱不得志。最終以死報國。他的愛國精神是偉大的，但他的死並不能解決問題。

《楚辭》中，有一名篇《漁父》，講的是屈原流放時和一位漁父的對話。

屈原既放，游于江潭，行吟澤畔，顏色憔悴，形容枯槁。漁父見而問之曰：「子非三閭大夫與！何故至於斯？」屈原曰：「舉世皆濁我獨清，眾人皆醉我獨醒，是以見放。」漁父曰：「聖人不凝滯于物，而能與世推移。世人皆濁，何不淈其泥而揚其波？眾人皆醉，何不哺其糟而歠其醨？何故深思高舉，自令放為？」屈原曰：「吾聞之，新沐者必彈冠，新浴者必振衣；安能以身之察察，受物之汶汶者乎？寧赴湘流，葬于江魚之腹中。安能以皓皓之白，而蒙世俗之塵埃乎！」漁父莞爾而笑，鼓枻而去，乃歌曰：「滄浪之水清兮，可以濯吾纓；滄浪之水濁兮，可以濯吾足。」遂去，不復與言。

屈原註定是孤獨的。他深思高舉，不懂變通，寧願以死來報國也不遠與小人同流合汙。相反，漁夫卻很明白事理。就像漁夫所說的，水清了可以洗腳，水濁，也可以。人沒有必要對自己有太高的要求。清者自清，濁者自濁。人也沒有必要把清

與濁的界限劃得那麼清晰。世界原本就是混濁的，屈原如果懂得變通，「淈其泥而揚其波，哺其糟而歠其醨」，給自己留點餘地，不要事事都要求那麼嚴格，或許就不會被疏遠，楚國也不會過早滅亡。糊塗一點，並沒有什麼壞處。

不做過度挑剔的人

在這個瞬息萬變的世界裡，我們需要以開闊的心胸去接納世界的醜惡和美麗，同樣也需要以寬廣的胸懷去看待每個人，既要接受自己，也要接納他人，不要總是指出他們的不足，給他們保留一份自尊，也就給自己保留了一份仁慈。

一味的對他人求全責備的人，往往既是自我嫌棄的自卑者，又是挑剔別人的高手。他們自己總想把自己欠缺的補回來。當自己達不到理想的高度時，就容易作繭自縛，自暴自棄，看別人也不會順眼，一味的挑別人毛病。但是他們自己卻不知道，自己在挑剔別人毛病的同時，自己的缺陷也毫無保留的暴露了出來。

喬吉本來可以悠閒自在、安安靜靜的生活，然而他卻非要讓他人對自己印象深刻，不停的向別人「介紹」自己。或許是對自己的缺陷太多，對自己不滿，喬吉總喜歡找別人的毛病，甚至是到了吹毛求疵的地步。他自己長得太矮卻嫌別人長得太高，他自己的眼睛小卻又嫌別人的不夠大……

　　喬吉不是個引人注目的人，但卻越來越受別人的「關注」。不是因為太優秀，而是因為他是個挑剔大王，自己卻滿是缺點。這樣，人們不自覺的就開始關注他。有一次，喬吉撞上了吉姆，代替道歉的話卻是：「吉姆你怎麼長這麼高，長得實在太高了，跟棵樹一樣。」同事們情不自禁的看了看喬吉，雖然他們是「抬頭不見低頭見」的老相識，同事卻發現，喬吉實在太矮，好像父母虧待了他，沒發育好。這一波還沒過去呢，一會他又開始嫌艾倫的眼睛讓人看著噁心，同事們也才注意到喬吉的眼睛很小，並拿他的眼睛和艾倫的比較了一下，才吃驚的發現，艾倫的眼睛是那麼的清澈、明亮。喬吉就是這樣，總是嫌棄別人，他總說巴德的鼻子塌，不好看，總說伯尼太胖，班森的嘴唇厚得像香腸……

　　喬吉忘記了一點，就是當他在挑別人毛病的同時，別人也相對的關注到了他的缺點，而別人的缺點與他的比較起來則成了優點。

　　過度挑剔的人，內心往往是不安全的，是自卑的。過度挑剔會使我們過度關注我們生活中的缺點和不足，促使我們認為生活並不盡如人意，沒有什麼是盡善盡美的。就會對自己，對生活失去信心。但要是對事事都寬容一些，在寬容之心的驅使下，不捅破那層窗戶紙，我們就會帶著溫馨的笑容過好每一天，也會更加的熱愛生活。

第二章　刀刃上的「聰明」才是真聰明

　　人生有三個認識上的盲點：對自己追求完美；對別人求全責備；對事物苛求圓滿。生活中，難免會有讓自己不滿的事或人，但是凡事都苛求完美，累己又累人，不僅毫無效果，還會讓別人疏遠你。相反的，你對別人的錯誤或者是缺點看淡一點，不要太過於計較，如果實在看不過就先讚美他一番，給他點甜頭，然後再以提建議的方式告訴他要怎麼怎麼樣就會更好。這樣不但能顯出你的大度，提高自己，也能讓對方有一個好的改正錯誤的機會，才能真正達到幫助別人的目的，贏得好人緣。

　　金無足赤人無完人，世間萬物都有其醜陋的一面，也有他美麗的地方。如果用欣賞替代求全責備，你的人生就會有不一樣的效果。盡量找找他人身上的優點吧，不要因為一貫愛挑毛病的習慣降低了自己的生活品質。過度注重一些毫無價值的細節，反而是一種自我折磨，以至於自己心境惡劣，疲憊不堪。要想過得輕鬆、快樂就要凡事都看開一點。有些雞毛蒜皮的小事，即使弄得清清楚楚，也沒有什麼意義。至於有些並不太重要的事情，基本了解也就可以了，更不必鑽牛角尖了。只有對小事看開了，才能真正體會到生活的樂趣，也才能有充沛的精力去處理大事，進而有所發現，有所領悟。這樣，心境也就自然變得舒暢起來了。

　　在人的一生中，真正值得重視和謹慎處理的是那些足以改

變命運的事件、機遇和挫折。人沒有必要處處留神，那只會增加你的負擔。當你發現可能遇到最糟糕的事情是什麼時，你會發現過度挑剔不過是一種可笑的心理。

不要樹敵太多

法國哲人羅西法古說：「如果你想要得到仇人，就表現得比你朋友優越吧；如果你想要得到朋友，就要讓你的朋友表現得比你優越。」人們都有好勝心，都希望自己比別人優秀，比別人強，這樣就會有一種莫名的優越感，覺得自己比別人重要，但是當我們處處表現得比他人優秀時，他人就很可能會由羨慕轉向嫉妒，這樣你就會在無形中失去一個朋友，而樹立一個敵人。

聰明並不需要表現出來，相反，這樣會讓你樹敵眾多。英國十九世紀政治家，查士德費爾爵士曾教導自己的兒子，說：「要比別人聰明，但不要告訴人家你比他更聰明。」想比別人優秀，成為重要人的欲望是每一個人的天性。但是人們往往都是在比拼誰更優秀的時候不自覺的樹立了敵人。

曹植是魏武帝曹操的兒子，魏文帝曹丕的弟弟。天資聰穎。曹植十多歲的時候，就可以背誦《詩經》、《論語》等幾十萬字的文章及其他詩詞歌賦，善於文章寫作。深得曹操的寵愛。

建安十五年，曹操在鄴城所建的銅雀臺落成，他便召集了一批文士「登臺為賦」，曹植自然也在其中。在眾人之中，獨有

曹植提筆略加思索，一揮而就，而且第一個交卷，其文曰《登臺賦》。曹操看後，讚賞不止。當時曹植只有十九歲。自此，一向重視人才的曹操產生了要打破「立長不立幼」的老傳統的念頭，要將其王位交給這個文武全才的兒子曹植。因此曹操對曹植特別寵愛，並多次向身邊的人表示「吾欲立為嗣」。誰曾料到，曹操的這一想法，非但沒有給曹植帶來什麼福分，相反給他後來製造了不盡的痛苦，使他無形之中捲入爭奪太子的漩渦之中。

曹植本無心爭奪地位，他只喜歡寫文章。但他又放蕩不羈，處處要表現得比曹丕優秀，從而招來妒恨。曹操雖然曾經認為曹植在諸子中「最可定大事」，幾次想要立他為世子。但他的放任屢犯法禁，引起曹操的不滿，而曹丕卻善弄權術，懂得察言觀色，最終被立為太子，到最後稱帝。曹丕即位後，曹植的生活發生了根本性的變化。他從一個過著優遊宴樂生活的貴族王子，變成了處處受限制和打擊的對象。

曹丕當了皇帝後，就不斷對他進行打擊迫害。曹丕首先殺了一向擁護他的丁儀和丁翼，然後又藉故貶了他的爵位，接著又不斷變換他的封地，並對他嚴密監視，不許他參與朝廷政事，不許他與其他親王來往。曹丕死後，其子即位，曹植抱著報國的理想要求試用，反引起曹的猜忌，所遭的打擊迫害有增無減。最後他「汲汲無歡」，憂憤而死，死時僅四十一歲。

　　曹植因為自己的聰慧招來了一生的磨難，本來無心爭奪帝位的他，卻因為聰明而遭到嫉妒，終生不得志，憂鬱而死。其實有時候顯得笨拙些，也未必是件壞事，偶爾謙虛一下，或許你的敵人就會成為你的朋友。俗話說：「多個敵人多堵牆，多個朋友多條路」，要想一生過得平坦，就不要樹敵太多。

　　成為一個全優的人固然很好，但是人應該懂得謙虛。人與人之間的交往是平等的，如果你處處表現得都比別人優秀，處處壓過別人而凌駕於他人之上，就會在無形中給他人增加壓力，導致他的嫉妒和不快。沒有人希望自己總是比別人弱，相反，每個人都希望自己是最優秀的。真正的朋友是互相進步的，我們應該給朋友一些表現自己的機會，鼓勵他們暢談自己的成就，要懂得謙虛，不要總是向他人炫耀自己。

　　人，還是不要太聰明為好，聰明的人，在別人眼裡會讓對方多心，引來猜忌，專門來觀察你的一切，自己總處在被觀察的角度。有時還是裝一點糊塗最好，這樣才能讓自己看得更清楚、更明白，也更容易去珍惜現有的時光。

誰說對手不能成朋友

　　當你樹立了一個敵人的時候，你所得的將不只是一個敵人，你在精神上所受到的威脅將十倍百倍於他實際上給你的威脅。而當你用高尚的人格感動了一個敵人使他成為你的朋友的

第二章　刀刃上的「聰明」才是真聰明

時候，你所得到的也將不只是一個朋友，你在精神上所感受的歡樂和輕鬆也將十倍百倍於他實際上所給你的。

雖說人生如戰場，但人生畢竟還不是戰場，戰場上是你死我活的關係，而人生則需要和平共贏。戰爭勞民傷財，它為我們帶來的是傷亡、是破敗，也是倒退，即使戰爭最後取得了勝利也需要長時間的恢復，幾次世界大戰就是最好的例證。人生競爭也一樣，爭鋒相對只能是魚死網破、兩敗俱傷。

弱肉強食雖然是鐵律，但人畢竟還不是動物，人類社會也不是動物界，人與人之間的合作非常重要。人會思考，有選擇的餘地，但動物只能依其本性而發。但是，不管是自然界還是人類社會，爭得你死我活對自己和對手都不利，與其弄得雙方大傷元氣，還不如找找解冤結怨的原因，人與人不可能無緣無故的成為敵人。你可以把超越你的對手設為目標，以此來激勵自己，挖掘潛能，利用那股不平之氣邁向成功。這時，你的對手就算得上是你的貴人了。

對待對手要有寬廣的胸懷，不要處處爭鋒相對，能幫則盡量幫，這樣你不僅少了一個對手，還會多一個朋友。微軟創始人之一的比爾蓋茲之所以能多年居於世界首富榜首，與其善於為人處世有很大的關係。面對對手，明智的比爾蓋茲選擇的方式是：站到對手的身邊去，把對手變成自己的朋友。

眾所周知美國「微軟」與「蘋果」兩大公司自一九八〇年代

起就一直處於敵對狀態。比爾蓋茲和賈伯斯為爭奪個人電腦這一新興市場的控制權展開了激烈的競爭。到了一九九○年代中期，微軟明顯占據了優勢，其占領的市占率約占百分之九十，而蘋果此時卻到了山窮水盡的地步，舉步維艱。

瀕臨倒閉的蘋果公司為了挽回局面，竟向美國聯邦法院起訴，指控微軟公司違反《反壟斷法》，要求微軟公司賠償十億美元。然而還沒等官司判決，蘋果公司執行長賈伯斯卻向比爾蓋茲致電，希望微軟能給予技術支援，讓蘋果的音樂檔能在微軟的網路上以及攜帶式裝置上播放。

人們都認為比爾蓋茲不會同意，但讓所有人都想不到的是，他卻十分支持。透過微軟的發言人，向賈伯斯的提議表示歡迎，並希望能真誠的合作。一九九七年，「微軟」向「蘋果」公司投資一億五千萬美元，把「蘋果」公司從倒閉的邊緣拉了回來。作為回報，微軟可持有蘋果部分不具投票權的股份。此外，微軟還可向蘋果 Mac 機用戶提供 Office 辦公套件支援，時間期限為五年。投資協定還規定，蘋果將撤回對微軟的法律訴訟。

二○○○年「微軟」又為「蘋果」推出 Office 2001。自此，「微軟」與「蘋果」真正實現雙贏，他們的合作夥伴關係進入了一個新時代。

「微軟」對蘋果的一億五千萬美元的資金援助，使長期的

競爭對手「蘋果」獲得了「喘息」的機會，使賈伯斯在調整蘋果業務方向事宜上有了更多空間。進而在個人電腦業務之外又成功推出了其他一系列產品和服務。可以試想一下，如果沒有一九九七年微軟一億五千萬美元的「雪中送炭」之舉，或許蘋果後來的「i 系列」產品和服務——iMac、iTunes、iPod 和 iPhone、iPAD 根本就不會出現。

　　人總有一種想要成功的欲望和超過別人的衝動。這是值得肯定的。但是人也容易因為贏不了對手而嫉妒，見不得別人比自己好，看到別人成功了，就生氣、難過甚至是破壞別人的成績，結果往往是沒有把對手怎麼樣，自己卻要承受巨大的心裡痛苦，自食惡果。

　　為自己叫好容易，為別人叫好困難，為對手叫好更是難上加難。生活中的大多數人只知為自己取得的進步和成功歡呼，一旦他人取得了成就就會不快。但是，你要知道，為對手的成績歡呼不僅不是弱者的表現，而是一種美德的展現，你付出了讚美，這非但不會損傷你的自尊，相反還會獲得友誼與合作，是一種智慧的表現。因為你在欣賞他們的同時，也在不斷提升和完善自我。

為了自己好，不跟小人計較

　　「遠小人，近君子」是先哲們千百年來的教誨。在生活中，

儘管我們不願與小人打交道，但又不可避免的會遇見小人。在利益面前，小人總會不惜一切代價，不擇手段的達到自己的目的，所以，與小人打交道時，務必多留幾個心眼。

寧可得罪君子也不能得罪小人，即使你比他強大，也最好不要與之發生衝突。小人如果被得罪了，他們便會伺機報復，置人於死地。仇視小人、與小人做鬥爭，雖然是正義的表現，但這並不是明智之舉，反而會顯得很魯莽、笨拙、不切實際，結果，小人身在暗處，天天研究你，算計你，想盡辦法打擊你，用各種手段要把你打倒，絕不會輕易罷手。你所有的理想、事業和一切努力都可能會因此付諸東流，而得不償失。所以不要得罪小人也不要與小人計較，面對小人時，最好的辦法是尊重他，糊塗了事。

唐朝大將郭子儀，很擅長與人相處，在與小人打交道方面也很有一套：

郭子儀，中唐名將，以武舉高第入仕從軍。他一生經歷了武則天、唐中宗、唐睿宗、唐玄宗、唐肅宗、唐代宗、唐德宗七朝。在玄宗、肅宗、代宗、德宗四朝為將，前後共六十餘年，其中有二十餘年繫天下安危於一身。他戎馬一生，屢建奇功，為維護唐朝的統一和社會的安定做出了巨大的貢獻。史稱「權傾天下而朝不忌，功蓋一代而主不疑」，享有崇高的威望和聲譽。

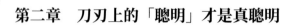

第二章　刀刃上的「聰明」才是真聰明

　　郭子儀相貌英俊，身材魁梧，他不僅武藝高強、陣法嫻熟，而且公正無私，不畏權貴，為人果敢。在平定安史之亂、收復兩京、智退吐蕃回紇的戰鬥中有勇有謀、立下赫赫戰功。他居功不傲，寬厚待人，是由武舉起家逐步成長起來的聞名遐邇的軍事將領。著名詩人杜甫稱讚他：「郭相謀深古來少」，「獨任朔方無限功」。

　　郭子儀還是一個為人處事方面的能手，他屏退侍女免禍患的事蹟為人們所稱頌。那是在唐德宗建中二年（西元七八一年），陰曆二月十八日。時為汾陽王的郭子儀生病在家，御史中丞盧杞登門問候。郭子儀一反每次接見賓客時妻妾、侍女陪伴左右的常態，命令她們統統退屏離開，獨自一人臥床接待。眾人不知其故，待客人走後，郭子儀才說：「盧杞臉色青灰，容貌醜陋。女人們一旦見到他肯定會忍俊不禁，笑出聲音。而他心胸狹窄，為人陰險毒辣，定會懷恨在心。況且他又能言善辯，萬一將來掌握生殺大權，必定誣陷報復，將我們全家斬盡殺絕。

　　不久之後，盧杞官居丞相之位，盧杞嫉賢妒能，只要是得罪過他的人必置其於死地，楊炎、崔寧、張鎰等均受其害。郭子儀由於處事謹慎，預料在先，避免了不必要的禍害。建中二年（西元七八一年）六月十四日，郭子儀在長安長樂坊家中去世。終年八十五歲。

　　小人的德行也不會因為位居高官而變得尊貴，相反會變本

加厲，去對付曾經得罪過他們的人。他們最擅長的就是溜鬚拍馬、搬弄是非、造謠生事。讒言則是他們慣用的伎倆，他們不怕麻煩，並喜歡不斷製造麻煩，因為小人知道事情越複雜，對它們就越有利。古往今來，多少忠義之士都被讒言所害。所以位高權重的郭子儀都怕得罪小人。

　　小人專注於權利，不管在什麼情況下，他們的注意力總會拐彎抹角的繞向權利的中心，然後不擇手段的掃除一切障礙，達到自己的目的。小人有大把時間與精力來研究、算計自己的對手，得志便會更猖狂，常將別人的痛苦視為自己的快樂，朋友對他們來說只是獲利的階梯，他們會為蠅頭小利與朋友反目成仇，關鍵的時候還會踩你一腳，所以說，為了自己好不用和小人一般見識，得罪誰也不要得罪小人！

　　在現實社會中，我們常能看到一些勢利小人，他們設法偽裝自己，用虛偽奉承討得他人的好感，用金錢換取自己的利益；他們總認為自己很高明，所做的一切都是正確的，他們為了一時的己利，可以不擇手段的損害他人的利益，不達目的誓不甘休。他們以個人狹隘的心胸，短淺的目光看待事物，看待別人，從不檢查、反省自己的所作所為。如果被得罪，便會藉機報仇，這樣的人我們惹不起，且躲得起，要與之保持適當的距離。

第二章　刀刃上的「聰明」才是真聰明

合作能產生一加一大於二的效果

　　一個國王，他有十個兒子，個個都很有本領，難分上下，卻一點都不團結。他們自恃本領高強，從來不把別人放在眼裡，認為自己是最強的，明爭暗鬥，見面就互相譏諷，背後則是說對方的壞話。兄弟間的不和睦讓國王很苦惱，他一有機會就苦口婆心的教導兒子們要和睦相處，團結起來，不要互相攻擊。可是兒子們對於父親的話是左耳進，右耳出，表面上遵從卻沒有人放在心上，還是我行我素。

　　國王一天天變老，身體也一日不如一日，他越來越擔心自己死後兒子們會怎樣，國家能否長治久安，怎樣才可以讓他們團結起來？國王不知如何是好，一天有一個大臣來見國王，見他愁眉不展，於是就問國王有什麼煩心的事？國王就把自己的煩惱告訴了這個大臣。大臣就說這個好辦，「陛下，您是否聽說過一根筷子與十根筷子的故事，一根筷子很容易就可以被折斷，而十根折起來就很費力啊。」聽了大臣的話，國王頓時明白了該怎樣做最後一次的努力。

　　有一天，久病在床的國王預感到死神就要降臨了，就把十個兒子都叫到了病榻前，吩咐他們說：「你們每個人都放兩支箭在地上。」兒子們不知何故，但還是照辦了。國王說你們拾起其中的一支折斷它，幾個兒子沒費什麼力就把箭折斷了。國王又

說，現在你們把剩下的十隻捆起來，然後每個人再折。十個兒子使出了渾身的力氣，咬牙彎腰，折騰得滿頭大汗，始終也沒有誰能將捆著的箭折斷。

國王緩緩的轉向兒子們，語重心長的開口說道：「你們也都看得很明白了，一支箭，輕輕一折就斷了，可是一起合作的時候，就怎麼也折不斷。你們兄弟也是如此，如果互相鬥氣，單獨行動，很容易遭到失敗，只有十個人聯合起來，齊心協力，才會產生無比巨大的力量，可以戰勝一切，保障國家的安全。這就是團結的力量啊！」

兒子們終於領悟了父親的用心良苦，想起自己以往的行為，都悔恨的流著淚說：「父王，我們明白了，您就放心吧！」國王見兒子們真的懂了，欣慰的點了下頭，閉上眼睛安然去世了。

合作能產生一加一大於二的效果。一支箭易斷，十支箭如鐵的道理我們都懂，但是實踐起來卻沒有那麼容易。在一個大團體裡，做好一項工作，占主導地位的往往不是一個人的能力，而是各成員間的團結、協作與配合。隨著知識經濟的到來，競爭日益激烈，更需要人與人之間的合作。

諾貝爾經濟學獎獲得者萊因哈特‧賽爾頓教授有一個著名的「博弈」理論：「假設有一場比賽，參與者可以選擇與對手是合作還是競爭。如果合作，就可以像鴿子一樣瓜分戰利品；

第二章　刀刃上的「聰明」才是真聰明

如果互相競爭，則會像老鷹一樣互相爭鬥，勝利者往往只有一個，而且即使是獲得勝利，也要被啄掉不少羽毛，兩敗俱傷。」現代社會中的現代企業文化，追求的是團隊合作精神，在合作中謀發展。所以，不論對個人還是對公司，單純的競爭只能導致關係的惡化，使成長停滯；只有互相合作，才能真正做到雙贏。

　　過去，我們經常說「損人利己」，認為要「利己」必須先「損人」。然而現在，隨著經濟高速成長，科技不斷進步、全球一體化以及日益嚴重的環境問題，人們逐漸認識到，「損人」不一定能「利己」，「利己」也未必要「損人」。與人合作也不是占人家的便宜，讓人家替你賣命，而是取長補短、共同發展，追求雙贏，讓大家都有甜頭可嘗。比如耐吉（NIKE）鞋業公司雖是世界上最大的運動鞋供應商，但它居然沒有自己獨立的工廠，也沒有一個做鞋工人。而在全世界，卻有五十多家工廠是它的合作夥伴，每年為耐吉生產九千萬雙運動鞋。它即節約了生產成本，又能將精力專注於品牌的推廣，生產工廠也能獲取利益。

　　雙贏是競爭最好的結果。在與人交往的過程中，是處處要高人一等，還是合作互助，互相進步？一個團隊最需要的就是合作的精神，如果對夥伴取得的成績眼紅，而處處排擠、打擊，抓住一點小辮子就想置他人於死地，這樣的人終究會因為自己的自私和虛偽而得到周圍人的唾棄。利益是可以共存的。

人與人完全可以坦誠相待，互相溝通，互相合作，交換個人的需要和看法，透過協商和談判，找到使雙方都獲得利益的雙贏方案。

一步一個腳印的前進

人的一生不管做什麼事都要腳踏實地、努力勤奮，有所付出，才會有所收穫。「寶劍鋒從磨礪出，梅花香自苦寒來。」成功從來就不是一件一蹴而就的事，想要成功就必須付出努力，勤勉不懈、踏踏實實，而「好逸惡勞」以及「投機取巧」則是萬惡之源。

懶惰具有毀滅性，它不僅是一種精神腐蝕劑，還是一種惡劣的精神負擔。它可以消磨一個人的意志，讓人精神沮喪、無所事事。懶惰的人，從不願付出努力，去戰勝那些完全可以戰勝的困難，所以懶人永遠都是扶不上牆的泥，不可能成為對社會有用的人。有些人總想不勞而獲，終日無所事事、遊手好閒，做什麼都不願多費一點力氣，總想投機取巧，占別人便宜，他們總是盤算著怎樣盜取他人的勞動成果，總有理由不好好工作，為自己辯解。但是，他們卻有所不知，天下沒有不付出努力就可以得到回報的事情，無論是什麼東西，不管貴賤，都要經過一番努力才能得到，才能體會來之不易的喜悅。

一件事情會影響一個人的命運，幾件事情則會改變一個人

第二章　刀刃上的「聰明」才是真聰明

　　的一生，從一個被迫害的難民到一個資深的國際問題專家，從平民到一個國務卿，從凡人變身「超人」都不是一天、一月甚至是一年就可以達到的，更不用說要靠投機取巧、不勞而獲了。亨利・艾爾弗雷德・季辛吉，靠自己長期的努力和堅持，一步一個腳印，最終由一個平民變身為身兼數職的「超人」。

　　亨利・艾爾弗雷德・季辛吉，美國當代著名外交家，國際問題專家，一九七三年諾貝爾和平獎獲得者。曾任美國尼克森政府國家安全事務助理、國務卿，福特政府國務卿。

　　季辛吉出生於德國費爾特市的一個猶太家庭，因逃避納粹對猶太人的迫害，一九三八年便隨父母移居到美國紐約。到美國後，季辛吉的父母把他送進了華盛頓高級中學讀書，他當時最大的願望是畢業後當一名會計師。但是美國捲入世界大戰改變了他的命運。一九四三年加入美國國籍後，他應徵入伍，在美國陸軍服役。戰爭結束後，季辛吉回到了美國，他根據《士兵權利法案》獲得獎學金並進入哈佛大學政治系學習。

　　由於大學學業成績優異，季辛吉被免試推薦進入研究生階段的學習，最終獲得了哲學博士學位。在攻讀博士學位期間，他曾擔任一門社會學概論課程的教學；他還組織了國際問題研究班，並創辦了一份名為《合流》的季刊。但是，季辛吉留校任教的願望卻被哈佛大學拒絕了。後來因為出版了《核子武器與對外政策》一書使他在學術界和對外政策研究領域一炮而紅，哈

佛大學才決定聘用他，授予他講師等級。季辛吉憑藉自己的努力，由講師晉升為了教授。在哈佛任教期間他還在校外擔任洛克菲勒兄弟基金會特別研究計畫主任、國際問題中心成員、國家安全委員會和蘭德公司顧問等兼職。

　　在一九六八年的總統競選中，季辛吉擔任了納爾遜·洛克菲勒的外交政策顧問，但是後來尼克森卻贏得了大選，戰勝了洛克菲勒。在競選中，季辛吉曾經把尼克森罵得狗血噴頭，但是尼克森卻不計前嫌，還聘請季辛吉擔任總統的國家安全事務助理。一九六九年一月，季辛吉離開了哈佛校園，到華盛頓走馬上任，實現了由文人策略家到政策制定人的轉變。一九七三年一月，季辛吉在巴黎完成了結束越南戰爭的談判，並因此獲得諾貝爾和平獎。一九七七年一月，福特總統授予季辛吉總統自由勳章，並稱讚他為「美國歷史上最偉大的國務卿」。一九六九年至一九七三年，季辛吉任尼克森政府國家安全事務助理，並兼任國家安全委員會主任到一九七五年。一九七三年至一九七七年，他兼任美國國務卿，獲得了一個外來移民所能得到的最高政治職務。

　　不久，季辛吉退出政壇，離開政界以後，季辛吉仍在不斷的撰寫論文，發表演講和出版著作。

　　貧賤的地位並不是不可突破、不可改變的，即使身處社會最底層，只要肯付出努力，踏踏實實做人，那麼必定會取得理

想中的成就與地位，而且有可能會比預想的還要高。季辛吉能夠取得這麼多成就與他的勤奮努力是分不開的，即使是退出了政壇他也不忘研究他的學問。

　　許多人做事之所以會半途而廢，並不是因為難度太大，而是自己不願意付出真正的努力。理想的實現靠的是踏實與勤奮，所以，對眼前的工作我們要有一個正確的態度，不求一步到位，但求步步到位，要有從底層做起的心理準備，一步一個腳印的走，這樣才能學到真本領。

做自己擅長的事，才會有所成績

　　對於自己，我們應該有一個充分的了解和認識，做自己擅長的事，不可熊掌和魚一把抓。人的能力是有限的，一個人不可能樣樣都在行，能給自己準確定位的人才能算得上是真正聰明的人。成為你自己就是要知道，你能做什麼，你想做什麼，你的優勢是什麼。否則你將會無所適從，在輿論的壓力下走投無路。

　　卓越的女數學家蘇菲亞‧柯瓦列芙斯卡婭始終堅持著自己在數學方面的才能，儘管道路曲折，但最終還是取得了成功，完成了夢想，並成為了女性的楷模。

　　蘇菲亞‧柯瓦列芙斯卡婭是世界歷史上第一個獲得科學院院士的女科學家。蘇菲亞的求學路十分艱辛。當時的俄國，

學校不對女子開放，只有歐洲的一些國家的某些學校肯接受女學生。為了求學她以假結婚的辦法從父母監護下解脫出來然後出國。

蘇菲亞來到德國海德堡。沒料到，這裡的大學也不讓女生註冊，只勉強同意旁聽基礎課。蘇菲亞學完三個學期基礎課後，來到首都柏林想進一步學習數學。遺憾的是，柏林大學規定女生不得聽教授講課。儘管她帶來了海德堡教授的幾封推薦信，仍舊是不能進入，於是她只好直接找了威爾斯查司教授。威爾斯查司教授被蘇菲亞的真摯和好學的精神感動。他接待了蘇菲亞並向她提出一些比較新穎的難題，這名異國女青年解題技巧和獨到的思維方法給老教授留下深刻的印象，便破例答應每星期日為她個別授課。

在威爾斯查司的指導下，西元一八七四年，僅二十四歲的蘇菲亞提出偏微分方程，阿貝爾（Abel）積分，以及土星環等三篇博士論文獲得博士文憑。她是哥廷根大學第二個女性博士。成為世界上屈指可數的女數學家。威爾斯查司教授在推薦書中說，在來自全世界各國的學生中，沒有一個人可以勝過柯瓦列芙斯卡婭女士。威爾斯查司對蘇菲亞在關於偏微分方程的理論的工作非常賞識，很想介紹她教書，可是各地的大學都極力反對，威爾斯查司教授在這樣強大的反對力量下也是愛莫能助，蘇菲亞只好回到俄國。儘管她的學術成就得到公認，但回

國謀職仍成問題，因為沙俄時代根本不允許婦女獲得科學家的稱號，只安排她做小學教師。

蘇菲亞在個人生活上也遭到了不幸。她丈夫後來棄職從商，終因破產而自殺身亡，留下六歲的女兒。儘管受到這樣的打擊，她決定再度出國謀個能施展才華的職業。西元一八八三年她取得斯德哥爾摩大學無報酬試教一年的職位。由於她講課條理清晰，生動感人，充滿啟迪人的思緒的熱情，一年後被聘任為該校數學教授，相繼又聘為力學教授，成為第一位女數學教授、力學教授。

在西元一八八八年法國巴黎科學院懸賞要求人們對問題：「剛體繞固定點旋轉的問題的任何重要之點加以改進。」參加者的論文上附上一條格言，名字就放進寫有同樣格言的信封裡，這樣學術委員會在裁判時就不會有任何偏見。結果在應徵的十五篇論文中有一篇以「說你所知的，做你該做的，再順其自然。」為格言的論文最出色。這篇論文的作者就是蘇菲。至此它成為了首位跨進科學院的女性，實現了「做自己應做的事，做自己想做的人」的夙願。

在西元一八九一年初，蘇菲亞因感染流行性感冒病死於斯德哥爾摩，後來就安葬在那裡。雖然她只活了短短的四十一年，可是她在科學上的貢獻，一直被人稱頌。

蘇菲亞的求學道路是曲折的，但她始終明確自己要的是什

麼，並一直在朝著那個方向努力，成為了少有的女科學家。只有做自己最擅長的事，才能最大限度的發揮自己的潛力，調動一切積極因素，把自己的才能發揮得淋漓盡致，獲得成功。反之，如果我們不知道自己擅長什麼，也不懂自己想要的是什麼，勉強做著自己不擅長的事，做著自己不喜歡的工作，以至於工作中沒有足夠的熱情，就不會取得什麼顯著的成績。

人們往往只懂得羨慕那些有成就的人，然後隨波逐流盲目的效仿，從來不了解自己到底是否擅長，結果自然是徒勞；如果你確切的知道自己這一生要的是什麼，而且也明白自己擅長什麼和不擅長什麼，在充分發揮你的才能的基礎上，在揚長避短的前提下，選擇自己的方向，付出努力，這樣才能成功。有些事情不管你再怎麼努力也是徒勞。與其承受著巨大的壓力讓自己活得痛苦還不如捨棄一些，讓自己喘一口氣。

要想活得輕鬆快樂，就必須改變某些錯誤的觀念，並且要對自己有個清醒的認識，放棄那些徒勞無功的事情，與其費盡心思做那些無用功，還不如把精力和時間放在那些能有所收穫的事情上。

先會做事，後會做人

人們都說，做人要比做事難。的確，做事只要認真、努力，總會有所收穫。但是做人就沒有那麼容易了，常常會因為

第二章　刀刃上的「聰明」才是真聰明

話說得不當、考慮不周而得罪人，從而就會讓一些本可以成功的事情中途夭折。所以我們不但要會做事，更要會做人，這樣人生路上才不會有太多的絆腳石。

社會複雜，人事關係更是複雜。那些不深諳世事、兩耳不聞窗外事的人，只懂躲進自己的世界，做自己的工作，從不會關心別人的事，更不會留意別人的情緒和需要，所以即使工作再努力，能力再強，不僅升遷沒機會，加薪也沒他的份，而且還有可能在競爭中被淘汰。

小王不但人長得很漂亮，且很有才華，能力也很強。但是她心高氣傲，不善於與人交流，總喜歡一個人默默做事，一個人上下班。

大學畢業後，小王和小李一起應聘到了一家企業，都是任總經理助理，試用期三個月。因為能力強，開始小王很受經理的欣賞，但是時間一長，經理就發現問題了。小王不愛說話，不喜歡與同事交流，只懂蒙頭做事，獨來獨往。工作也不主動找主管溝通，往往是把經理交給她的任務完成就行了，從來不知道問問經理還需要些什麼，而且下班往往也很準時。雖然每次工作都完成得很出色，但是經理卻對她是越來越不滿意了。

要知道，要做好經理助理並沒有那麼簡單。表面上看，這是一份很簡單的工作，但是真要做好，要求則是非常高的，要做的事情也很多。直接點說，經理助理就是經理的智囊團，

不僅要對內獨當一面，對外，還要以自己的機敏和魅力贏得普遍的信賴和讚譽，更要分擔繁重的行政事務，以及人事工作，以更好的協助經理工作。因此，總經理助理不僅要有廣博的知識，豐富的管理經驗，智慧的頭腦和幹練、穩健的做事作風，還要有很強的人事關係處理能力，這個小王是明顯不具備的。

與小王一起應聘進來的小李就很會做事。她工作不僅主動，而且還懂得察言觀色。經理的咖啡涼了她就知道再去泡一杯；逢年過節也知道向經理送點小禮；她不僅在工作上懂得主動與主管溝通而且與同事的關係處得也很好，才來一個月就已經把銷售部整個部門混熟了，一些瑣碎的行政工作她也處理得井井有條，而小王卻從來不懂得與人溝通。結果很明顯，在競爭中小王被淘汰了，三個月試用期結束後就被辭退了，而小李成為了正式員工。

一個人只有能力，不會做人做事是行不通的，一般在人事關係上被困住的多屬於這類人。因為這類人不懂感情投資，朋友很少，往往遇到問題就很難解決，成功也就無從談起。所以，一個人除了要有能力之外，還要會做人做事。

更何況是普通人。劉邦用得張良、韓信、蕭何，得以創建帝業；劉備用得孔明、關羽、張飛、趙雲，得以三分天下，宋江是一遇大事就「如何是好」的主子，卻有梁山一百多位兄弟「哥哥休要驚慌」的輔佐占據八百里水泊。他們自己沒有什麼

才能，卻懂得怎麼與人相處，怎麼籠絡人心，才讓那麼多既聰明又有才幹的人為他們效力，成就了一番霸業。相反，一個人他再聰明，能力再強，但不懂怎麼與人相處，不會處理人事關係，不懂得聚攏人心，那向他招手的往往也只有失敗。

今天受點委屈，明天成就大事

暫時受點委屈沒什麼大不了的，這不是逆來順受，更不是茫然失措的結果，而是一種主動的退縮和策略調整，忍而後發制人是取得成功的關鍵。

不管是大人物成就偉業，還是小人物做成一番事業，都需要忍耐，忍耐可以說是成功過程中必要的手段，也可以說在某些情況下，比的不是誰更聰明，而是看誰的忍耐力更強。

我們在前進的道路上遇到障礙是難免的，在必要的時候，必須學會變通，「退而求其次」並不意味著退縮，而是為了能夠讓自己累積更多的能量，為之後取得成功做必要的準備工作。

一句話，忍耐的過程恰恰就是對自己能量的積蓄過程，更是為了能夠長時間的了解對方，而且忍耐的同時也給了我們贏得了思考對策的時間。

有一位剛大學畢業的學生，他叫王力，在大學畢業後便到一家出版社做編輯，王力的文筆很好，而且更為難能可貴的是他的工作態度良好。當時，出版社正在進行一套叢書的編輯，

每個人都很忙。但是社長並沒有增加人手的打算，於是編輯部的人也被派到發行部、業務部幫忙了。

這樣，整個編輯部只有王力一個人接受了主管的指派，其他的都是去一兩次就開始表示抗議了。王力說：「沒關係，我可以接受指派，吃虧不就是占便宜嘛！」事實上他並沒有什麼便宜可占，因為他要做很多的工作，比如幫忙包書、送書，就好像是苦力一樣，任人隨意指揮。後來他又去業務部，參與行銷的工作。

在那段時間裡，連取稿、跑印刷廠、郵寄等等，只要是有人開口要求，王力都樂意幫忙。出版社裡面的一些人在背後都叫他「傻子」。可是王力聽後一笑置之，裝作不知道。

兩年後，王力居然自己也成立了一家出版公司，而且做得還不錯。原來他是在忍著做「傻子」的時候，把那家出版社的編輯、發行、行銷等工作全部都已經弄得非常熟悉了。

如果王力當時沒能堅持和忍耐下去的話，而是跟其他人一樣，那他一定不會有後來的成績和自己的公司。

正所謂「將欲取之，必先予之」。暫時的忍耐，必要的妥協，就是一種大的智慧。在日常生活中，與同事意見不合，和鄰居發生糾紛，哪怕是夫妻之間鬥嘴都可以用妥協的方法來化解。

羅素說：「希望是堅韌的拐杖，忍耐是旅行袋，攜帶它們人

們可以登上永恆之旅。」成功其實是許多忍耐的總和。

　　我們發現那些成功的人比平常人更會忍耐。俗話說：「小不忍則亂大謀」。忍耐是需要勇氣的，更需要智慧，也需要信念和力量。

　　現如今在職場當中，往往有很多表面上看起來是吃虧的事情，比如工作的調動，環境的變遷等等。當我們在面對這些事情的時候，應該做到泰然處之，心胸開闊，把自己的目光放長遠一些，分析一下這些事情對自己的長遠發展是否有利，千萬不要去逞一時的匹夫之勇。

　　如果你不懂得忍耐，那麼你只會因小失大。懂得忍耐的人都明白，多一份忍耐的話，世界將變得更加和諧，多一份忍耐我們的生命也會變得更有意義。

　　那麼，我們為什麼要逞一時之氣，讓別人，也讓自己都陷入困境呢？何不相信烏雲之後一定是太陽，只要是金子放在任何地方都會放光呢？忍耐總是與成功相依相伴的，只要你跨過了這一步，那麼你就已經踏進了成功的康莊大道。

第三章

「精打細算」小心自己也被算

第三章 「精打細算」小心自己也被算

今天貪便宜，說不定哪天就吃虧

有句古話：「貪小便宜，吃大虧。」人們總是愛貪小便宜，怕吃虧。但是天下哪有那麼多的便宜要你占，要知道，每占一份便宜的同時，你同樣也會失掉一份，每撈一份好處就會減掉一份獲得利益的機會。總之，貪得越多，失去的也會越多。

春秋戰國時期，四川西部有個國家——蜀國，那裡土地肥沃、物產豐富。離它不遠的秦國早就對這塊土地垂涎三尺，想要把它劃分自己所有。但是通往蜀國的路非常險峻，不是懸崖峭壁就是萬丈深淵，所以儘管實力強大的秦國對其虎視眈眈，一時也不能得逞。

蜀國的國君是個生性貪婪的人，他大肆搜刮民脂民膏以滿足自己的貪欲。秦惠王派人去打探蜀國的消息，從探子口中得知蜀王的性情，於是覺得機會來了，便命令工匠鑄了一頭巨大的石牛，在石牛的屁股後面放了很多金銀綢緞，放出消息說這頭石牛會生金子。蜀王聽到了關於這頭會生金子的石牛的傳聞，非常羨慕，自言自語道：「要是我有這麼一頭石牛，天天給我生金子，那該有多好啊！」正在這時候，秦國的使者來了，他對蜀王說，「秦惠王為了表示秦蜀兩國友好的誠意，決定把會生金子的石牛送給蜀王。蜀王大喜過望，使者說石牛的身形巨大，要從秦國運到蜀國來恐怕很不方便，蜀王就急忙保證說：

「這個不成問題，貴國國君既然肯把石牛送給我，我哪裡有不想辦法把它運到我國來的道理呢，就請你們的國君放心好了。」

為了石牛能順利到達，蜀王不顧大臣們的極力反對，徵調了大量人力修蜀道，把通往蜀國的險徑都修成了平坦大道。然後還派了五個大力士到秦國去迎接石牛。蜀國已是民不聊生。貪心的蜀王哪裡料得到，秦惠王的軍隊早已跟在石牛後面，隨著石牛的到來，蜀國也被滅了。

蜀王被利益麻痺了心智，沖昏了頭腦，為了貪一點小便宜，被秦國吞併，失掉了整個國家，還留下了壞名聲，被後人恥笑，真是得不償失。他只看得見眼前的利益而不注重國家的長遠發展，真是愚蠢至極。所以便宜占得太多，總有一天會栽跟斗。不要因為一點利益而眼紅，不要逢光必沾，這是做人的基本道理。

愛占便宜是人們的一個普遍心理，就像在菜市場買菜，人家給你扣掉零頭，或者是多給你一把蔥，你心裡就會很舒服，以後也會常去那個攤位買菜，假如遇見一個斤斤計較的攤販，你絕對只買他一次菜。聰明的人總會利用人們的這個弱點，給別人嘗點甜頭，自己適當的吃點虧，真正使自己獲利。

○○超市是一家開在某大學旁的小型超市，生意很好，儘管學校宿舍旁邊也有便利商店，但是學生們都更愛來○○超市這裡買東西。

第三章 「精打細算」小心自己也被算

　　○○超市的老闆沒有多少學歷，但是他的生意卻一天比一天好。他那裡的東西要比其他商店便宜幾塊錢，而且顧客買東西能扣掉零頭就扣。就是因為這個祕訣使得這個小超市從早上七點到晚上十點關門一直都有客人，尤其是中午、下午和晚自習下課後生意更是好，以至於裡面的出不來，外邊的進不去。

　　後來○○超市擴張又開了○○旅館，生意還是一樣的好，節假日還很難訂到房間，經營策略還是一樣，寧願自己少賺點，也要為顧客多點利益。就是因為老闆吃得起小虧，生意才會越做越大。

　　生意做大的訣竅就在於吃得了小虧。記得李連杰說過一句話：「送給別人的東西永遠是你自己的東西。因為每當你的朋友看見它就會想起你。」的確，人生就是在給予中享受快樂。你每付出一分，便會有一分的收穫，你吃一點虧，也會贏一分利。總想占便宜，誰來吃虧？人們之間的交往是相互的，只有你付出了才會有收穫的可能，不耕耘只想收穫，這是在異想天開。我們要用自己的智慧與勞動來獲得財富，並不是靠耍小聰明。俗話說，我為人人，人人為我。常常吃一點小虧，卻會讓我們得到的比失去的更多。其實這就是一種處世心態，與人為善就是對自己最大的善意。

把競爭放在桌面上

　　人生就是一個競技場，競爭無處不在。在人生的競技場上，每個人都要登臺亮相，但是，沒有人願意成為一個失敗者，任誰都想成為贏家。弱肉強食是自然規律，人類社會競爭雖然激烈，但也不應該拼得你死我活。

　　競爭要光明磊落，對於參賽者來說，輸贏只是一個結果，而並非競爭的真正目的。競爭是為了最大限度的表現自己的才能，是為了讓自己變得更優秀，是自我肯定的表現。對手可以是我們學習的一面鏡子，因為，只有遇到強勁的對手，我們才可以了解到自己的不足之處，才能取長補短，使自己更優秀。

　　每個人都希望自己是最出色的，希望能備受關注，贏得最大的掌聲，因此就會有人與人之間的競爭。但是要想取得比賽的勝利，就必須使自己變得優秀，而不是透過算計別人和陷害他人來取得。古訓有言：「多行不義必自斃」。我們算計別人，最終掉入陷阱的還是我們自己，就如歷史人物「龐涓」一樣，因為過於急功近利，而一再的迫害自己的同窗好友孫臏，致使原本的同窗好友變成了不共戴天的仇人。所以最後走投無路只能拔劍自刎。龐涓害了朋友，也害了自己。

　　孫臏是古代大軍事家孫武的後代，青年時與龐涓一起在鬼谷子門下受業，學習兵法。同學期間倆人情誼深厚，為結

第三章　「精打細算」小心自己也被算

拜兄弟。

　　孫臏天資聰穎又善於動腦，加之受其先祖孫武的影響，悟性極強，其學業長進之快常出乎老師的預料。龐涓是一個心胸狹窄的人，雖然不乏聰慧但因其驕傲自滿，學習常常淺嘗輒止，自道「為之陣法不過如此」。因此，鬼谷子主要培養孫臏。對於孫臏的才能，龐涓表面上很佩服，內心卻是十分的嫉妒。

　　遇魏國招賢納士，龐涓耐不住寂寞，下山謀富貴，孫臏則繼續深造。到魏國後龐涓被任命為元帥，孫臏卻仍在苦心學習，得到了師父的真傳，才能遠遠超過了龐涓。後來，孫臏也被魏國請出山。龐涓原本就很嫉妒孫臏，又得知自己下山後，孫臏在鬼谷子先生教誨下，學問才能更高一籌，更是嫉妒。魏王對孫臏又很敬重，龐涓擔心孫臏會奪去自己的位置，更擔心他到別國後會成為自己的對手，所以就處心積慮想除掉孫臏。

　　齊魏兩國一直敵對，而孫臏又是齊國人。龐涓利用這個陷害孫臏，說他私通齊國，魏王聽信讒言，將孫臏囚禁起來，處以臏刑，使其終身殘廢。按當時的慣例，刑徒是不能為官的，龐涓想借此斷送孫臏的前途。之後孫臏裝瘋，躲過了殺身之禍，後又逃回齊國。孫臏回到齊國後受到大將田忌的賞識，透過「田忌賽馬」表現出了他卓越的軍事才能，而受到齊威王的器重。

　　龐涓好大喜功，總想靠戰爭提高自己的身名與威望，在孫

臏逃回齊國後不久，即西元前三五四年，龐涓帶兵包圍了趙國的國都邯鄲。趙國向齊國求救。第二年，齊威王命田忌做主帥，孫臏做軍師，率軍救趙，就是著名的「圍魏救趙」。孫臏用避實擊虛攻其要害的方法打得魏國措手不及，龐涓狼狽的逃回了魏國首都大梁。十三年後，魏惠王又派龐涓去攻打韓國。韓國抵擋不住，不斷的向齊國求救。孫臏又以「減灶法」在馬陵大敗魏軍，不戰而勝。龐涓自知兵敗難敵，就拔劍自殺了。

以害人始，以害己終。搗鬼有效，但畢竟有限，這就是孫臏與龐涓故事給後人的啟示。利益拉大人們心與心之間的距離，對手之間，因為利益的衝突，存在者一條難以逾越的鴻溝。但是，這並不意味著人們就必定或只能以不共戴天的姿態和爾虞我詐的狀態交往。人生要面對的挑戰有無數次，不能次次都以陷害他人來取得勝利，這樣的話，進步就無從說起。外界環境和他人的能力是我們無法控制的，我們能改變的只有我們自己，只有我們自己強大了，才是王道。

競爭的精髓在於盡力發掘自己的潛能，令自己的表現最佳化，而不是想方設法算計別人，致他人於死地。陷害別人最終會害了自己，所以，對於競爭，我們應該保持一個良好的心態，正道直行，運用智慧和策略而不是陰謀算計去贏得勝利。所以，與其把時間用在算計打壓別人上，還不如用來提升自己的實力。而且，永遠記住一句話：在絕對強悍的實力面前，一

切陰謀詭計都顯得徒勞無力。

小聰明不能耍太多，耍多了就是圓滑

　　社會複雜，人心難測，這需要人精明一些，但是做人不能太精明，太精明就是小聰明，反而會受人排斥。做人精明的目的是要留個後路保護自己，而不是去耍小聰明，去算計別人。常言道：「聰明反被聰明誤。」一個人如果只懂耍小聰明，而不知道務實，那麼終歸會被自己的聰明給害了。做人應該有大目標，大智慧，而不是使手段，耍小聰明，小聰明只是小聰明，解決不了大問題。

　　每個人都有自己做事的方法，也有做人的原則，但是要想做一個有層次，事業又成功的人是很困難的，相反使些小手段、耍點小聰明看起來倒是很容易。這就讓許多人走進了認識上的盲點，認為小聰明可以成就大事業，但是他們只看到了眼前的利益，沒有想到地基不牢的大樓總有倒塌的那天。

　　小沈是一個國立大學畢業的高材生，因為老家在農村，父母都是道道地地的農民，所以他的未來要靠他自己去爭取，去實現。大學畢業後，他順利的應聘到了他所在都市的稅務局。

　　小沈是個精明人，他不甘於當一名一般員工，也不滿足於目前的薪水，所以他每天除了工作之外，閒暇的時間都用來揣摩主管的心思，知道主管都需要些什麼，誰會對自己升遷比較

有利。經過長時間的觀察，小沈將目標鎖定在了周大姐身上。周大姐是稅務局管人事的，一切人事調動都得經過她的手，更重要的是，她的丈夫是稅務局的局長，所以巴結好周大姐是升遷的關鍵。此後，小沈經常借有問題需請教的藉口常來周大姐的辦公室做客，這樣就慢慢混熟了。不管公司發什麼福利，小沈總有藉口將其「賄賂」給周大姐，周大姐自然是很高興，對小沈也是格外的「關心」，每次有什麼人事上的變動的時候都不忘通知小沈。終於有一天，周大姐告訴小沈，他升遷了。

小沈升遷也不是什麼大官，只是有機會跑外勤，收稅。小沈本來就是一個圓滑的人，喜歡耍小聰明，跑外勤可以撈點利，他當然不會放過。所以，他跑外勤收稅總不忘往自己口袋裡添一點。嘗到了點甜頭，這外勤跑得是更勤了，貪得自然也多了，胃口變大，終於有一天，一把手銬銬上了他的雙手。小沈因貪汙公款坐牢了……

小沈光明的前途就這樣毀於一旦。他的這一案例告訴我們，小聰明不能耍太多，耍多了就是圓滑，最終會害了自己。人不能做一個滾來滾去的球，一不留神就會跌入萬丈深淵。

人之所以耍小聰明，歸根結柢還是源於人們的欲望，欲望是我們前進的動力，同時也是掉入深淵的陷阱。欲望越強，功利心就越重，就越難回頭，最終會被自己害得栽一跟頭，甚至身敗名裂。古往今來沒有聽說過有誰靠著耍小聰明，立於不敗

之地的，都是在半路就跌倒了。

　　善於使手段，耍小聰明的人也沒有真正意義上的朋友，沒有人願意與不真誠的人交朋友，人一旦失去了誠信，就失去了人心，失去了友誼，路也就越來越窄。很多人都在自覺與不自覺的學著耍小聰明，殊不知，自己已經走入人性的死胡同中去，這是人性的失落，也是人性的悲哀。人活著僅靠聰明是不行的，還需要理智，用理智駕馭自己的欲望，明辨是非，不貪不屬於自己的利益，要淡泊名利，真誠做人。

別為一點利，失去一片天

　　在這個物欲橫流的世界，能夠抵擋住誘惑實在不容易，但你只需記住：天下沒有白吃的午餐供你享用。有的時候一點小利足以讓你摔個大跟頭。在這個紛繁複雜的大千世界，不會有那麼多的好事降臨到你頭上，如果你覺得某些東西得來的太容易，幸福來的太快的話，那你可就要當心了，或許你已經落入了別人精心設計的圈套。

　　現在農村裡的年輕人，大多都不願意守著那幾畝薄田，過著面朝黃土背朝天的日子，都喜歡出去打工，闖蕩世界。為了過不一樣的日子，小王從老家來到了都市打工。

　　他很幸運，很快就找到了一份讓人羨慕的工作：給一個大老闆看管倉庫。與種田相比，這份工作不僅輕鬆，每個月賺

的錢還比種田一年的收入都要高，而且還包吃包住。小王自然是很滿意，工作也很盡力。分內分外他都認真做好。由於在農村風吹雨打慣了，小夥子一不怕苦，二不怕髒，三有好體格。每次老闆來檢查時，他都在賣力的工作，不是在協助工人們搬運貨物，就是滿身汙泥的趕在颱風來臨前對倉庫的屋頂進行加固。總之，老闆看見他時，他都在辛勤的工作。老闆看見小夥子工作很踏實，因此對他的印象很好。

老闆有一個女兒，總是找不到合適的對象。所以老闆有意要小王入贅。老闆對小王也並非知根知底，所以還有待考察。先是有意識的讓小王跟自己到外面訂貨，還給小王找了一名副手，一起看管倉庫。剛開始小王還以為自己要被炒了，可是一次次的一起出差、一起吃飯，住同樣的酒店，而且每次老闆還誇自己做得不錯，讓小王打消了被炒魷魚的擔憂。

中秋節上，老闆想介紹女兒和小王認識，就請小王到他家做客，還說可以幫小王辦個都市的戶口，放他兩天假回家遷戶口，資金問題老闆幫忙解決。晚上老闆就留小王住下了，或許這也是考察的一部分。一時小王也睡不著，盥洗完畢就翻了翻報架上的雜誌。沒想到翻出一萬元，一萬元對一個農村小夥子來說可是個不小的數字，相當於是半個月的工錢。小王在放回去還是放自己口袋之間徘徊了很久，最終還是沒有抵擋住誘惑。第二天小王就當什麼都沒發生，離開了老闆家。

第三章　「精打細算」小心自己也被算

　　回家遷戶口還算順利，農曆八月十七小王就趕回了都市。但月底卻又捲著鋪蓋回鄉了。

　　原來，他回到都市後，先去了工作單位，但是倉庫裡卻是另外兩個人，他的助手也不在了，同事對他也都是愛搭不理的。回到宿舍，鎖也被換了。想找老闆問個究竟，卻找不到老闆的人，這下小王明白了，是自己被炒魷魚了。接下來找工作也不如意，好像所有公司的都與老闆認識一樣。錢花得差不多的時候，他自己也覺得實在沒有必要再在這裡待下去了，只好心不甘，情不願的回鄉下了。

　　一萬塊對於老闆來說算不了什麼，可是這卻說明了小王是個愛貪小便宜的人。貪小利是做人的大忌，是人格上的缺陷。一個大老闆敢讓一個貪小便宜的，人格不健全的人做女婿嗎？誰敢保證以後自己不會遭到背叛。為了一萬塊，小王可以說是一無所有的，這個教訓實在夠他受益一生。

　　事情的成敗往往都取決於一些小事，一萬塊可以讓你失業，一個打火機也可以。

　　韓斌是個剛畢業的大學生，學業成績很不錯，在校期間也經常參加一些社團活動，但是總找不到合適的工作，不是自己看不上就是人家不要。無奈之下他找到了自己的舅舅，請他幫忙給自己找份工作。沒過幾天，舅舅打電話過來，說他正在跟一個當地小有影響的建築公司老闆喝茶，讓他趕緊過來和老闆

見個面。聽到這個好消息，韓斌很興奮，穿戴整齊後就匆匆趕到茶館。老闆問了韓斌幾個建築方面的專業知識，他都能對答如流。老闆很滿意。之後又上了一壺龍井……

見過面後，韓斌自我感覺不錯，心想這回一定沒問題。之後的幾天，韓斌一直在等著公司的錄取通知，可是總沒有消息，他等不及了就打電話問舅舅，舅舅說他不用等了，人家公司不同意招他。韓斌頓時楞住了，問了句「為什麼？」舅舅很生氣的說，這還不全怪你自己？記得最後那壺茶嗎？那個禮品打火機是不是你拿了？」韓斌說：「是啊，那個又不是什麼精品，不值幾個錢，他一個大老闆也不缺這種東西，所以我就拿了。」就是因為這個，舅舅說，老闆說你的專業知識還行，就是愛貪小便宜，這是處事大忌，人家老闆是不會找一個愛貪小便宜的員工的。

煮熟的鴨子就這樣飛了，這次工作又沒了希望。

對大老闆來說，一萬元不算什麼，一個打火機也不稀罕，但是貪小便宜卻會讓人反感。在傳統觀念裡，逢光必沾、斤斤計較、愛貪小便宜的人是不受歡迎的。

兩則故事中的主人公，都是因為一點小利而失去了更為重要的東西，所以，別為一點利失去一片天。

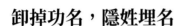

第三章　「精打細算」小心自己也被算

卸掉功名，隱姓埋名

《菜根譚》有云：「完名美節不宜獨任，分些與人可以遠害全身。」意思是說，不論如何完美的名氣和節操，都不要一個人自己獨占，必須分一些給旁人，只有如此，才不會惹起他人的怨恨而招來災害，從而保全生命的安全。

自古以來，共患難容易，共富貴卻很難，尤其是經過貧窮得來的富貴，更顯「珍貴」。所以，功臣的命運大多都是兔死狗烹的下場。顯赫的戰功和偉大的政績往往容易對帝王的權利和地位造成威脅，也容易遭到他人的嫉妒和非議，因此為了穩固自己的江山，那些「自命不凡」的功臣都得人頭落地。文種滅吳後，自覺功高，不聽從范蠡勸告繼續留下為臣，卻被勾踐不容，受賜劍自刎而死；范蠡卻懂得功成身退，明哲保身，另謀出路，富甲一方。

文種，春秋末年著名的謀略家，越王勾踐的謀臣，與范蠡一起幫助勾踐打敗了吳王夫差，政績顯赫。滅吳後，自覺功高，沒有聽從范蠡的勸告，卻為勾踐所不容，最後被賜死。

范蠡，春秋末期著名的政治家、軍事家和實業家，被後人尊稱為「商聖」。他出生貧賤但博學多才，與楚宛令文種相識，倆人感情很深。因不滿當時楚國黑暗的政治：「非貴族不得入仕」而一起投奔到越國，輔佐越國勾踐。幫助勾踐興越國，滅吳

國，一雪會稽之恥，功成名就之後急流勇退，隱姓埋名，變官服為一襲白衣與西施西出姑蘇，泛一葉扁舟於五湖之中，遨遊於七十二峰之間。期間三次經商成巨富，三散家財，自號陶朱公，是儒商的鼻祖。世人對他的讚譽很高，說他：「忠以為國；智以保身；商以致富，成名天下」。

西元前四九四年，勾踐不聽范蠡的勸阻，討伐吳國慘遭失敗。范蠡隨勾踐入吳國為奴，文種則留在越國，守國。在吳國為奴期間，夫差曾勸范蠡棄越投吳，委以重任，范蠡不為所動，含垢忍辱，卑辭厚賂，終於使勾踐化險為夷，平安返越。文種則焦思竭力，恢復生產，治理國政。「外守疆土之界，內修耕戰之備，無遺荒土，百姓親附」。勾踐回越國後，范蠡與文種鼎力輔佐勾踐，興越滅吳完成勾踐稱霸大業，使越國成為強國。

滅吳後，范蠡功成身退並寫信給文種，勸他應該知道「飛鳥盡，良弓藏；狡兔死，走狗烹」的道理，早日離開越國，文種自覺功高，不聽勸，仍在越國為相。在要和平還是要稱霸的策略方針上與勾踐發生了強烈的衝突，而後稱病不朝，之後被人誣陷要作亂，後被勾踐賜死。

並不是說，范蠡有多偉大，這也是局勢所逼，如果他當初不走，結局自然也會落得和文種一樣。但他了解「飛鳥盡，良弓藏；狡兔死，走狗烹」的道理，卸掉了功名，隱姓埋名，下海

第三章 「精打細算」小心自己也被算

經商，成為巨富，獲得了世人對他更高的讚譽。

古往今來，功高震主的沒有幾個有好下場。

韓信，西漢開國功臣，齊王、楚王、上大將軍，後被貶為淮陰侯。西元前三世紀，世界上最傑出的軍事家、大戰略家，中國歷史上偉大軍事家、戰略家、戰術家、統帥和軍事理論家。軍事思想「謀戰」派代表人物。被後人奉為兵仙、戰神。「王侯將相」韓信一人全任。「國士無雙」、「功高無二，略不世出」是楚漢之時人們對他的評價。

西元前一九六年，即漢十一年春韓信死於長樂宮鐘室，年僅三十三歲。隨後韓信三族被誅。

劉邦的半壁江山可以說是韓信打下的。明修棧道、暗渡陳倉，幫劉邦一舉平定關中，為劉邦開闢能和項羽相抗衡的最重要的根據地；後又在漢軍慘敗於彭城後，及時召集散兵游勇和劉邦相會於滎陽，在京、滎一帶擊敗楚軍，穩定了軍心和陣腳，使得驍勇的楚軍不能進一步向關中推進；在與項羽戰爭的相持階段，劉邦帶領大軍在滎陽、成皋一帶拖著項羽，而韓信則帶領部分人馬對付不肯降服的諸侯，從周邊孤立項羽，為劉邦撈實利、搶地盤。奇渡黃河破魏、力擒夏說定代、背水之戰滅趙、不戰而勝降燕、揮師疾進掃齊，直到大敗楚軍二十萬，斬其悍將龍且，讓驍勇無敵的西楚霸王項羽都感到了寒意蕩胸而起。

齊國一滅，韓信自覺戰功顯赫，又見齊國土地廣大，物產豐富，於是請求漢王封他為齊王，劉邦雖不滿韓信所為，但正在用人之際，只好勉強答應。在這種情況下，韓信助漢則漢勝，幫楚則楚贏，擁兵自保則可以三分天下得其一。於是項羽派武涉前往齊國遊說韓信三分天下。韓信以「以往我在楚王麾下做事，官不過郎中，言不聽，計不從，所以我才離開楚國而投漢。漢王授我上將軍印，讓我率領數萬大軍，言聽計從，所以我才能達到今天的地步。人信任我，我負人不祥，寧死也不可做此事。」遭到拒絕，武涉遊說失敗。

武涉遊說失敗後，齊人蒯通知道天下大局舉足輕重的關鍵在韓信手中，於是用相人術勸說韓信，認為他雖居臣子之位，卻有震主之功，名高天下，所以很危險。終於說動韓信，但韓信猶豫而不忍背叛劉邦，又自以為功勞大，劉邦不會來奪取自己的齊國，於是沒有聽從蒯通的計謀。

韓信要求劉邦報恩，在當時的那種要求以主子為馬首是瞻的社會簡直就是不可能。而且劉邦也對韓信有所提防，所以韓信的死是必然。

樹大招風，聰明的人，不做大功獨攬的蠢事。所以，《菜根譚》中說得很有道理：「完名美節不宜獨任，分些與人可以遠害全身。」老子曰：「功成、名遂、身退、天地之道。」該退則退，以退為進，明哲保身。這樣才是處事之道。

貪欲是原罪，要懂得知足常樂

《聖經》告誡世人貪欲是原罪，人不可垂涎於身外之物。身外之物是人「生不帶來死不帶去」的，就好比時間，「時間銀行」每天都會自動為你儲存八萬六千四百秒的時間，但不管你是否能夠充分利用，到了晚上二十四點它都會登出今天沒有被你利用的時間，而不會替你儲存起來，錢財也是一樣，當生命終結了，我們只能悄悄的離開，帶不走世上的任何東西，所以，人要懂得知足，知足才能常樂。

知足常樂是福，貪婪只能招來禍端。很多歷史事實也告訴我們，貪婪是在自掘墳墓。一個人的生命有限，但欲望卻無盡，所以痛苦也不會少，而痛苦往往都來源於不知足。古往今來，凡是貪得無厭的人，最終都會自食惡果，遭遇禍端。

春秋戰國時期的楚國，國力強大，是六國中的強國，但是因為楚懷王的貪婪不僅讓楚國失去了齊國這個堅定的盟友，國力也被耗盡，而楚懷王則客死他鄉。

楚國與齊國曾是友好的盟友，齊國曾幫助楚國攻秦，攻下秦地曲沃。秦王想報仇進攻齊國，但因齊楚是盟友，秦惠王為此很是擔憂，就與丞相張儀商量，於是張儀就去了楚國。

張儀了解到楚懷王易輕信於人，而又生性貪婪，所以見到楚懷王他就投其所好，說如果楚國與齊國斷交，秦國就獻給楚

國方圓六百里的土地。楚懷王聽了張儀的話，非常高興，不聽臣子的忠言一意與齊斷交，當他真的與齊國絕交，派使臣前往秦國索要土地時得到的卻是張儀的另一個說法：「我與楚王約定的是六里地而不是六百里」使者回去告訴楚王，楚王很生氣，發兵攻打秦國，卻被魏章大敗于丹陽，懷王不服，又再次召集全國士兵，再次進攻卻又慘敗於藍田。

西元前二九九年，秦國攻占了楚國八座城池，秦昭襄王約懷王在武關會面。懷王不聽昭睢、屈原勸告，決定前往武關，結果被秦國扣留。懷王被扣留期間，楚人立太子為王，是為頃襄王。西元前二九七年楚懷王逃走，秦人封鎖通往楚地的道路，懷王逃到趙境，趙國不敢收留他，懷王企圖逃往魏國，但被秦國追兵捉回。西元前二九六年懷王在秦國病逝，秦國把遺體送還楚國。

不知足是痛苦的根源，楚懷王因為不知足，被「六百里地」所惑，而被張儀耍得團團轉，最後不僅沒有得到多少秦地，反而自己卻賠上了不少，國力也被耗盡，最後還落得客死他鄉。每個人都有追逐利益的權力，但是我們也不能把一切利益都盡收眼底，歸自己所有，或許你可以享受一時，但總有一天你會被你的貪婪所累。

財富就如同真理一樣，再往前走一步就是謬誤。「自靜其心延壽命，無求於物長精神」，人要懂得知足，知足能為你帶來

平安和幸福。

惡小不為，善小不棄

老子云：「合抱之木，生於毫末；九層之臺，起於累土；千里之行，始於足下。」；韓非子有言：「千丈之堤，以螻蟻之穴潰；百尺之室，以突隙之煙焚。」前者是說大的成就都是由小事累積起來的；後者告訴我們大的錯誤都是由小事發展變化而來的。做人做事，應該懂得有所為，有所不為。小事雖小卻是成事與敗事的關鍵。不要因為壞事影響小，不會造成嚴重的後果就去做，也不要因為善事影響不大，不會有大的作為，而不去做。無論是善的還是惡的，只要是有益的就應該去做。

西方有一則童謠：

少了一個鐵釘，丟了一個馬蹄，

丟了一個馬蹄，折了一匹戰馬，

折了一匹戰馬，損了一位將軍

損了一位將軍，敗了一場戰爭，

敗了一場戰爭，亡了一個帝國。

這則童謠來源於下面這個歷史故事：

一切都因一個鐵釘引起……

這是一場決定一個國家命運的戰爭，成敗決定著誰來統治這個國家。

敵方帶領的軍隊正迎面撲來，國王這次準備拼死一戰。

在戰爭開始的當天早晨，查理三世派了一個馬夫去備自己最喜愛的戰馬，馬夫就去找了當地最有名的鐵匠給這匹馬打馬蹄。馬夫很急，對鐵匠說：「快給牠釘馬蹄，國王希望騎著牠打頭陣。」鐵匠回答說：「你得等等」「前幾天我給國王全軍的馬都釘了馬蹄，現在我得打點鐵片來。」「我等不及了。」馬夫不耐煩的叫道，「敵人正在推進，你有什麼就用什麼吧。」鐵匠不語，埋頭工作，在釘了三個馬蹄後發現沒有釘子來釘第四個馬蹄。「我需要一兩個釘子。」他說，「得要點時間做出兩個。」馬夫一聽，火了，「我告訴過你我等不了了。」「我聽見軍號了，你能不能將就？」鐵匠答道：「我能把馬蹄釘上，但是不能像其他幾個那麼結實。」「能不能掛住？」馬夫問。「應該能，」鐵匠回答，「但我沒把握。」「好吧，就這樣，」馬夫叫道，「快點，要不然國王會降罪到我們頭上的。」就這樣，這匹馬上了戰場。

兩軍的交鋒時刻，一些士兵退卻了，查理三世為了鼓舞士氣，策馬揚鞭衝向缺口，他還沒跑到一半，不料，一隻馬蹄掉了，戰馬跌翻在地，國王也跌翻，還沒等他抓住韁繩，受了驚的馬跳起來逃走了。士兵們紛紛撤退，敵人的軍隊包圍了上來，查理被俘獲，戰鬥以失敗告終……

後來就有了這個童謠。

一顆小小的釘子竟然可以導致一個國家的滅亡。

第三章　「精打細算」小心自己也被算

　　一個國家的滅亡竟由一支小小的鐵釘引起，所以生活中的一些細節不能忽視，一些看似微不足道的事情，有時卻有它決定性的作用。就如這一顆釘子。如果國王能早些備馬，如果馬夫不要那麼急躁，如果鐵匠堅持，那麼這樣的悲劇就不會發生，但現實生活中卻沒有那麼多如果。一個帝國的喉嚨竟被一支釘子給卡住了。

　　一支鐵釘亡了一個國家，而一根大頭針卻成就了法國的銀行大王恰科。

　　法國的銀行大王恰科在讀書期間就立志要在銀行界謀職。一開始他就去了一家最好的銀行應聘，對於這家銀行來說，這個毛頭小子太不起眼，求職失敗。之後他又去了其他幾家銀行，結果還是不盡人意。但恰科要成為一名銀行家的決心並未受到影響。

　　一天，他自告奮勇的直接找到了那家最好銀行的董事長，希望被雇傭，然而與董事長一見面就被拒絕了，這已經是被拒絕第五十二次了。當他失魂落魄的走出銀行時，看見銀行大廈門前有枚大頭針，為了避免傷到他人，恰科就把大頭針撿了起來。讓人意想不到的是，第二天那家最大銀行的錄取通知書就來了。原來昨天他撿大頭針的事恰巧被銀行董事長看見。董事長認為如此精細小心的人很適合當銀行職員，所以改變主意決定錄用他。

後來他在銀行界平步青雲，功成名就，成為了法國的銀行大王。

俗話說，「細節決定成敗」，恰科的成功並不僅僅是因為一枚大頭針，但大頭針確實助了他一臂之力，大頭針人人能撿，未必人人會撿，恰科正是因為重視小事才會有今天的成就，於細微處見差別說的就是這個道理。

生活如鍊條，環環相扣。在生活中我們不應以事情的大小決定事情的輕重，做人做事有所為，有所不為，要做到惡小不為，善小不棄。

想活得瀟灑點就別太認真

有人活得瀟灑，有人活得太累。瀟灑的人之所以瀟灑是因為他們知道什麼事該認真，什麼事該糊塗，總能夠寬容待人，不為一些小事斤斤計較；活得太累的人，總是為一些小事煩惱，走不出自造的死胡同。

為人處事最忌太過認真、計較，沒有人願意與斤斤計較的人打交道，如果一個人太過於認真，過於講求原則就會對什麼事都看不慣，不僅容不下別人，自己也會為周圍的人所不容，甚至會引來仇恨。這就要求人們做人、處世，不要太認真，只要不突破自己的道德底線，糊塗一把也無妨。

郭子儀的一生算得上完美了。功名、利祿、福壽、天倫都

第三章　「精打細算」小心自己也被算

被他占齊了，是歷史上為數不多的。他功高蓋主，但是卻能讓皇帝信任他；他也遭人嫉妒，但總能化敵為友，甚至敵人都對他敬三分。郭子儀能瀟灑的過完他的一生，與他寬厚待人，不與人計較，懂為人處事之道有很大的關係。

郭子儀戎馬一生，為朝廷效力六十餘年，繫天下安危於一生，為大唐的和平做出了重要貢獻。他任勞任怨，從不計較個人得失，處處以國家利益為重，即便是遭人陷害卻依然能以國事為重，他用自己的實際行動獲得了皇帝的信任和敵人的尊敬，最終使所有對他有偏見的人都改變了對他的看法。

「權傾天下而朝不忌，功蓋一世而上不疑，侈窮人欲而議者不之貶。」郭子儀不僅驍勇善戰，有勇有謀而且還深諳為人處世之道。可謂是假糊塗，真聰明。他是歷史上少有的功高震主卻沒有遭到帝王猜忌的人。

郭子儀與李光弼同是唐朝的名將，都曾在朔方節度使麾下當牙將，但因為性格不合，常常為一些小事爭吵，互不服氣。安史之亂爆發後，唐肅宗提拔郭子儀為朔方節度使，位居李光弼之上。李光弼擔心郭子儀報復，故意刁難他，就想調到別的城鎮去。但是讓李光弼沒有想到的是，郭子儀不僅對以前的恩恩怨怨隻字未提，還舉薦他為河東節度使，並分了一萬軍隊給李光弼，送他出征。

郭子儀的做法把李光弼給搞糊塗了，心想一定是讓他去送

死，但是朝廷之命又不能不從，所以在臨行前李光弼對郭子儀說：「我死而無憾，但求你放過我的妻兒。」郭子儀聽到李光弼誤會了自己，就傷心的說：「現在國難當頭，我欣賞將軍的才能，才點你為將，願與你共赴疆場保家衛國，哪裡還有什麼私仇呢？」李光弼聽後十分感動，二人前嫌盡釋。李光弼帶領郭子儀分給他的軍隊，屢建奇功，成為與郭子儀齊名的保國功臣。

唐代宗大曆二年（西元七六七年）十二月，有人趁郭子儀出兵平亂之機，掘了郭子儀父親的墳墓，這件事驚動了唐代宗。唐代宗派人破案，可是卻沒有結果。人們懷疑是朝中宦官魚朝恩指使人做的，魚朝恩一向嫉妒郭子儀，並多次向皇上讒言，一再阻撓皇上任用郭子儀。郭子儀平定叛亂，班師回朝。他入朝覲見時，皇帝先提起此事，然而郭子儀卻一邊哭一邊說：「我作為主帥，一生殺敵如麻。這一定是因為我罪孽深重，觸怒了玉帝。玉帝便派天兵天將把我的祖墳挖了，讓我披上了不忠不孝之名，這是報應呀！」皇上以及滿朝的大臣原本都很擔心，怕郭子儀鬧事，聽了他的回奏後，都對他非常欽佩。

郭子儀把祖墳被挖歸結為天譴，讓唐代宗及滿朝文武大臣，虛驚一場。同時，這件案子也就不了了之。其實郭子儀對於祖墳被毀的原因也是明白的。但他卻心繫國家安危於己身，無暇顧及自己的私人恩怨。

郭子儀功德越高卻越受人們尊敬。吐蕃、回紇很佩服他，

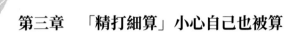

稱他為神人，皇帝從不直呼他的名字，甚至一些安史之亂的叛將都很尊敬他。

難得糊塗，是人屢經世事滄桑之後的成熟和從容。成功的處世之道就在於人寬廣的胸襟，非凡的氣度。為人不驕不躁，謙恭而不張揚，處事不驚不慌，冷靜而不失措。對小人的嘲諷謾罵，不慍不餒；用一顆平凡之心，擁有大庸大俗的豪放與粗獷，方能行效君子之美行。人至察則無友，做人不能太認真，這正是有人活得瀟灑，有人活得太累的原因之所在。

第四章

別把自己太當回事，低調為上策

別以為自己很厲害，神人很多

　　一位企業家曾經講過這樣一句話：「當你經過千辛萬苦為你的產品打開市場的時候，你最多只能高興五分鐘，因為如果你只顧高興，而不懂努力，第六分鐘就會被人趕上，甚至是被人超過。」人不能稍有成就就自鳴得意，飄飄欲仙。俗話說：「山外有山，人外有人，強中更有強中手。」你自以為自己很厲害，但是，比你更厲害的人還有很多，任何一個人都不可能永遠處於最優地位，就像世界首富榜上的第一名也不可能永遠都是同一個人一樣。

　　學無止境，學海無涯，活到老，學到老。人生中需要學習的東西很多，有修養的人絕對不會誇耀自己說自己是全才，因為他知道一個人的品行和能力不用誇耀、炫耀，別人透過觀察、了解就會知道。不管是在學業上還是事業上，取得一點成就高興一下很正常，但是人不能因為取得這點成就就沾沾自喜，以為很了不起，就止步不前。汽車大王福特曾經說過：「一個人如果自以為已經有了很大成就而止步不前，那麼失敗將會隨之而來。很多人開始奮鬥的時候很有動力，但前途稍微光明一些的時候，便自鳴得意起來，於是，失敗立刻接踵而至。」人得意之時往往容易忘了形，恣意膨脹，以至於阻擋了自己繼續前進的道路。就好比方仲永一樣，由神童淪落為了普通人。

方仲永祖上世代以種田為生，從來沒有讀書識字的人，但是方仲永卻對文房四寶很感興趣，五歲時便能賦詩，詩的文采以及道理都有可觀之處。村裡人就把方仲永當神童看待，常常讓他作詩，他的父親也因此受到了賓客一樣的待遇。漸漸的方仲永的父親覺得有利可圖，就讓他到處作詩，不再學習。就這樣一個天賦極高的神童的才學被泯滅了。

王安石寫此文的目的在於說明後天學習的重要性。但是，方仲永的故事則說明了驕傲自滿造成的悲劇。

當一個人獲得了一些成績時，接踵而來的鮮花和掌聲往往容易造成他的自我膨脹，感覺自己已經到了登峰造極的程度，甚至有些人會認為自己瞬間變成了一個「超人」無所不能，尤其當外界在誇大事實的基礎上對其加以吹捧的話，這種驕傲情緒會更嚴重，導致盲目的抬高自己，得意忘形。

如果得意只是勝利者良好的自我感覺，而且不忘積極進取，這當然是一種好狀態，在這種狀態下他可以取得更大的成功，但是一般來說驕傲的人很難控制住自己的驕傲情緒，恰恰相反的是，他認為自己很了不起，殊不知一山更比一山高。但是一般中有特殊，石油大王洛克菲勒就能很好的克制住自己的驕傲的情緒，不斷前行，成為石油大王。他說：「當我的石油事業蒸蒸日上時，在我每晚睡覺之前，我總會拍拍自己的額頭，提醒自己說：別讓自滿的意念攪亂了自己的腦袋。我覺得我的

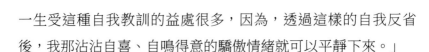

一生受這種自我教訓的益處很多，因為，透過這樣的自我反省後，我那沾沾自喜、自鳴得意的驕傲情緒就可以平靜下來。」

驕傲心理一旦在一個人心中形成的話，很難再改變回來，所以我們每一個人需要時刻培養自己的定力，面對社會中五花八門的吹捧要做好自我定位，否則必將會成為一個被鮮花和掌聲淹沒的人。

不論是意外的幸運，還是長期奮鬥的結果，因取得成就而欣喜若狂，這是誰都會有的反應，但是如果一個人因一次的成功，就認為自己高人一等，到處炫耀自誇，總是表現出一種優勝者的得意和自滿，那麼他不僅不會因為他的成就獲得讚美，反而會招人厭煩，表現出自己的淺薄。人還是應該謙虛些，在贏得掌聲的同時仍能繼續前行。

居後者才能長久不敗

山不爭高入雲來；水不拒細匯大海；人不自大成俊才。人不能太張揚，鋒芒太露，居後才能長久不敗。

鋒芒太露而惹禍上身的例子不在少數。江山未定之時，主子需要各路英雄齊進其麾，為他打拼天下，這時當然越有才華越好；天下既定，開國功臣的才能與功勞就成了皇帝的一塊心病，為了保住自己的江山，就對開國功臣大開殺戒，這在漢高祖劉邦及明太祖朱元璋時期最為典型。

「狡兔死，走狗烹；飛鳥盡，良弓藏；敵國破，謀臣亡。」這是韓信說劉邦在建立漢朝之後摒除異姓諸侯王，大殺功臣的事。劉邦殺異姓諸侯王是因為他們咄咄逼人的形勢威脅到了劉氏天下，而發起的一場武裝反擊，朱元璋則是在無任何反叛跡象時精心謀劃的一場又一場大屠殺。

胡惟庸是中國歷史上的最後一位宰相。胡惟庸早年隨朱元璋起兵，歷任元帥府奏差、寧國主簿、知縣、吉安通判、湖廣僉事、太常少卿、太常卿等職。洪武三年，拜中書省參知政事。六年七月，憑李善長推薦，任右丞相，約至十年進左丞相。位居百官之首。

當了宰相之後，胡惟庸不懂收斂，日益驕橫跋扈，獨斷專行，擅自決定官員的生死及官位的升黜。遞給皇帝的奏摺他都敢拆，對自己不利的隱匿不報，自行處理。各地喜好鑽營、熱衷仕進之徒與功臣武夫失職者，爭走其門，饋送金帛、名馬、玩物不可勝數。學士吳伯宗因彈劾過他險遭大禍，大將軍徐達對他不滿而被讒言，胡惟庸不斷在朝廷中結黨營私，拉攏軍界，他的門下文臣武將集齊，朱元璋為此深感不安，皇權與相權產生了激烈的衝突。

朱元璋為了維護朱姓天下，就借「擅權植黨」的罪名殺了左丞相胡惟庸，滅其九族。與其來往密切的官員也受牽連，被抄家滅族，使「胡案」不斷擴大，洪武二十三年，韓國公李善長、

列侯陸仲亨等開國功臣也受株連，著名儒臣、文學家宋濂只因受孫子連累，全家被貶到四川，病死於途中。

此案延續十年之久，前後被殺的王公貴族達三千餘人。除掉胡惟庸後，朱元璋罷左右丞相，廢中書省，其事由六部分理，另設殿閣大學士供皇帝作為顧問，結束了宰相制度。

與「胡惟庸案」合稱為「胡藍之獄」的藍黨之獄也是朱元璋對開國功臣的一次大屠殺。

藍玉是開平王常遇春的小舅子，早年在常遇春的麾下，因其英勇善戰常遇春多次在明太祖面前稱讚他。洪武十四年封永昌侯，二十年拜大將軍，後因平定邊疆有功被封為涼國公。但是藍玉為人驕橫、欺男霸女，還私自占有了元朝皇帝的妃子。北征時私占珍寶駝馬無算，晚上回師夜經喜峰關，因守關關吏未及時開門，竟縱兵毀關而入。他的所作所為，引起朱元璋不滿。

洪武二十六年，明太祖朱元璋借「謀反罪」將其誅殺，很多官員受牽連，稱他們為「藍黨」，被列入了《逆臣錄》。

該案與胡惟庸案合稱為「胡藍之獄」。之後，明太祖朱元璋借此兩案，大開殺戒，洪武十三年到洪武二十六年的十四年間，明朝元功宿將已屠戮殆盡。「胡藍之獄」是朝廷高層權力較量的必然結局。因為開國功臣的特殊地位及貢獻，皇帝得分這些功臣「一杯羹」從而就會形成相權與將權分割皇權的局面，

這對於想集權力於一身的皇帝來說是無法容忍的，為了自己的天下，當皇帝的總會拿幾個人開刀，那些頭抬得越高的人越容易遭殃。

經過胡惟庸案和藍玉案，洪武開國功臣基本上被朱元璋給殺完了，武將只有徐達、常遇春、李文忠、湯和、鄧愈、沐英六人，保全身名，死後封王。但是，徐達、常遇春、李文忠、鄧愈都死在「胡藍之獄」之前，沐英留守雲南，遠離天子，得以保全，只有湯和，一生謹慎，位至信國公，一生富貴，最後得以「功名終」，享年七十。

湯和是朱元璋的同鄉也是好友，因參加郭子興的農民起義而升千戶，他念記舊情，寫信給當時在皇覺寺裡當小和尚的朱元璋，邀請他一起參加起義，同享富貴。湯和了解朱元璋的個性，也深知朱元璋猜忌心強，尤其是胡惟庸一案，令湯和前胸冷後心涼。所以他以「以間從容言：『臣犬馬齒長，不堪複任驅策，願得歸故鄉，為容棺之墟，以待骸骨。』」為由，主動辭官回鄉養老。

在洪武年間，很多辭官回家的人一樣也難逃株連，只有湯和讓朱元璋解除了警惕之心。辭官之後，湯和處處小心，從不以功臣自居，也從不結交地方官員和過問政事，教導子孫、家奴，遵守法紀，避免授人以柄。所得的朝廷封賞，也分送鄉親。後應朱元璋之請，出山到沿海防備倭寇，洪武二十三年（西

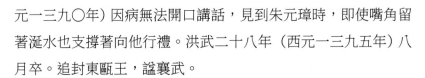

元一三九〇年）因病無法開口講話，見到朱元璋時，即使嘴角留著涎水也支撐著向他行禮。洪武二十八年（西元一三九五年）八月卒。追封東甌王，諡襄武。

　　一個人除了生命之外，名節算得上是最重要的，明朝的胡藍等人雖然有功，但最終卻以謀反罪冠名，不得善終，而湯和知道收斂、謙虛、藏鋒安得晚年。居功自傲的人，鋒芒太露，沒有主管喜歡張揚的下屬，即使會嘗到甜頭，那也是災難的前奏。居功自傲只能對自己不利，只有居後才能長久不敗。

花要半開，酒要半醉

　　西方有一句格言：「越是喜歡被別人誇獎的人，越是沒有本領的人。」我們也可以反過來說：本領越大的人，越不需要被誇。有句古話：「君子要聰明不露，才華不逞，才能任重而道遠。」你是否聰明、是否有才，能讓別人誇的才算得上真正的有能力，自己誇自己那叫自吹自擂，驕傲自大。

　　自大與自傲是人類的一個通病，尤其是年少氣盛的年輕人。往往因自己才華橫溢而目空一切，取得一點小成就就沾沾自喜，認為「凡事我最大」，總把自己太當回事。這樣的人往往樹敵眾多，很少有好下場。

　　禰衡是東漢末年的辭賦家，性格剛毅、傲慢、目空一切，好侮罵權貴，在重武不重文的三國亂世依然不改高傲的姿態，

最後落得個英年早逝的下場。

禰衡與孔融是好友，他雖出生布衣卻心氣極高，什麼都看不起。為了尋求發展的機會，禰衡從荊州來到人文薈萃的許昌後，為求進用，曾寫好了一封自薦書，但因為看不起任何人，結果自薦書裝在口袋裡，字跡都被磨得看不清楚了，也沒派上用場。有人勸他結交名士陳群、司馬朗等，可禰衡卻看不上眼，說：「我怎麼可以和殺豬、賣酒的人在一起呢？」勸他投靠荀彧、趙稚長，他又說「荀某白長一副好臉孔，如果弔喪可借他的臉來用一下；趙某是酒囊飯袋，只好叫他看廚房。」孔融與楊修是他的好友，他則對別人說，孔融是他的大兒子，楊修是他的小兒子，其餘碌碌之輩不值一提。

漢獻帝初，孔融將禰衡推薦給了曹操，曹操此時招賢納士、求才心切，接收了禰衡，哪知禰衡卻看不起曹操，不但託病不見曹操，而且出言不遜，把曹操臭罵了一頓。曹操自然是很生氣，但是為了自己的名聲還是給他封了個擊鼓的工作，也想借此羞辱他一番。一天，曹操大宴賓客，讓禰衡擊鼓助興，禰衡卻在眾賓客的面前把衣服脫了個精光，讓賓客們討了個沒趣。

曹操對禰衡恨之入骨，但又不願意因為殺這麼個無名之輩壞了自己的名聲，就把禰衡推薦給了荊州牧劉表。劉表早就聽說禰衡的才氣，很佩服他的才氣，就把他奉為上賓，讓他掌

管文書。有一次，禰衡不在，有一份檔需要起草，劉表就叫其他的門人共同起草，等他們好不容易寫好了，禰衡回來卻給撕了，說寫得太爛，自己又重新寫了一份。雖然得到了劉表的賞識卻把其他同僚給得罪完了，甚至到了最後連劉表他也不放在眼裡，說話常常帶刺，劉表也容忍不了禰衡的無禮，但他也不願擔惡名，就把禰衡打發到江夏太守黃祖那裡去了。

到了黃祖那裡，黃祖也讓禰衡做起草文書之類的工作，因為文采很受黃祖的賞識，但是禰衡卻仍改不了那一身傲氣，總是出言不遜。

有一次黃祖在戰船上設宴會，禰衡的老毛病又犯了，當著眾賓客的面，盡說些刻薄無禮的話！黃祖呵斥他，他還罵黃祖「死老頭，你少囉嗦！」當著那麼多人的面，黃祖哪能忍下這口氣，於是命人把禰衡拖走，吩咐將他狠狠的杖打一頓。禰衡還是怒罵不已，黃祖於是下令把他殺掉。黃祖手下的人對禰衡早就憋了一肚子氣，得到命令，便立時把他殺了。時為建安元年（西元一九六年），當時禰衡才二十六歲。

禰衡文才頗高，桀驁不馴，本有一技之長，可以一展才華，受人尊重，但是禰衡卻沒有因為自己的才能而得到重用，總是走到哪裡樹敵到哪裡。他恃一點文墨才氣而看輕天下人。殊不知，一介文人，在世上並沒有什麼了不起，賞則如寶，不賞則如敝履。禰衡似乎不知道一個人就算才能再高、能力再

強，如果不懂得為人處世的道理，那也是無濟於事。尤其是身處亂世，更應該低調自保，可是他卻孤身居於權柄高握的虎狼群中放浪形骸，無端衝撞權勢人物，最後因狂縱而被人宰殺。

「花要半開，酒要半醉。」謙虛的人更受人尊敬。人，即使是才高八斗也不要全部亮出來，要巧妙的磨去稜角，鋒芒不露，還要克服驕傲自大的病態心理，不要太張狂、太咄咄逼人，這樣才可以自保。

需要一面「忠言」鏡子

我們應該與敢於批評我們的人做朋友，朋友之道，貴在勸導、忠告。「人受諫，則聖；木受繩，則直；金受礪，則利。」即使忠言再逆耳，也要聽得進勸。

現代社會上的人都怕得罪人，很少有直言相勸的，都以旁觀者的身分漠視一切。而真正願意冒著得罪人的危險，苦口婆心的勸告我們的往往都是我們最親的人，所以如果有朋友敢直言不諱的批評你、規勸你，那他將會是你人生中的一筆財富，不顧後果提出忠告者，一定是對我們懷有深厚感情之人，是真正想和你做朋友的人，我們應該為之慶幸。

對於忠告，人們往往都有一種反向心理，但不聽忠言，一意孤行的人不僅不會有很高的建樹，也是一個真正的孤獨者。「不聞不論，則智不宏。不聽至言，則心不固。」善於聽取他人

的意見，接受指導才能進一步改進自己。魏徵敢於直言進諫，唐太宗李世民虛心接受才有了大唐的繁榮昌盛。一個謙虛上進，追求完美的人一定是個能夠接受任何善意建議的人。

唐太宗李世民是歷史上公認的開明皇帝。李世民當了皇帝後，積極聽取群臣意見。虛心採納他人的意見讓李世民成為了一個傑出的政治家和一代明君，開創了「貞觀之治」，為之後的「開元盛世」奠定了基礎。

李世民即位後意識到重用人才、虛懷納諫的重要意義，知人善任、從諫如流，營造出了較為開明的政治氛圍。他擅於聽取大臣的批評與見解，魏徵則是有名的諫臣，敢於直言進諫。李世民還沒有當皇上之前，魏徵還是李建成的太子洗馬，太宗即位後，任諫議大夫。後任祕書監，參預朝政，封鄭國公。魏徵與李世民是封建社會中罕見的一對君臣：魏徵敢於直諫，多次直陳太宗的過失，太宗雖然每次都氣得想把魏徵給殺了，但都忍住了，魏徵的建議也多被採納。因此，他們被稱作理想的君臣。太宗在位二十多年，進諫的官員不下三十餘人，其中大臣魏徵一人所諫前後兩百餘事，數十萬言，皆切中時弊，對改進朝政很有幫助。

唐太宗李世民在位二十三年，使唐朝經濟發展，社會安定，政治清明，人民富裕安康，出現了空前的繁榮。由於他在位時年號為貞觀，所以人們把他統治的這一段時期稱為「貞觀

之治」。「貞觀之治」是中國歷史上最為璀璨奪目的時期。

魏徵死後，唐太宗很難過，他流著眼淚說：「人以銅為鏡，可以正衣冠；以古為鏡，可以知興替；以人為鏡，可以知得失。魏徵沒，朕亡一鏡矣！」唐太宗把魏徵當做自己的一面鏡子既是對魏徵人生價值的最佳注釋，也是太宗作為一代明君的最佳詮釋。

歷史上像唐太宗與魏徵這樣的君臣實在少見，多少臣子因為直諫而被砍頭，君王也因聽不進忠言而亡國。商紂王與比干就是典型。商紂王是商朝最後一位君主。他自小聰明過人，力大無比。在位前期也為社會做出過不少貢獻。比如不再殺奴隸，而是讓他們從事生產勞動、補充兵源，重視農桑，促進社會生產力的發展，使國力強盛。但是後期，他卻居功自傲、窮奢亟欲、剛愎自用，聽不進忠言，殺比干，囚箕子，失去人心。最後被周武王滅。

其實，最不了解的往往就是自己，生活中我們需要這樣的一面鏡子，聽聽刺耳的忠言對我們來說也未嘗不是一件好事，所謂當局者迷，旁觀者清。我們自己往往看不見自身有多少缺點，在與人交往的過程中又難免會暴露。而他人的直言可以讓我們冷靜的思考，了解到自身的缺陷，才會有機會變得更好。所以要善於接受他人的建議。

第四章　別把自己太當回事，低調為上策

謙虛是不可缺少的品德

　　花在開得最盛的時候不是被人摘去就是要面臨凋謝。人生也一樣，得到一些便會失去一些，有贏必有輸。俗話說：「物極必反，盛極必衰。」「滿招損、盈必虧。」把「盈」換成「贏」也是一樣的道理。所以先人們教導我們做人要懂得謙虛。

　　劉備的「五虎將之首」關羽就是敗於自己的驕傲自大上。

　　關羽是東漢末年劉備的「五虎上將之首」，被後人尊為「關公」，一直以來受民間祭祀，清代還被光緒帝奉為「忠義神武靈佑仁勇顯威護國保民精誠綏靖翊贊宣德關聖大帝」，崇為「武聖」，與「文聖」孔子齊名，被稱做「關夫子」，最後被封為「蓋天古佛」。但也有「大意失荊州」，「敗走麥城」等敗筆。

　　關羽是「義」和「勇」的化身。曹操讚賞關羽為人，拜其為偏將軍，禮遇甚厚。但是關羽不願背叛劉備，他說：「吾極知曹公待我厚，然吾受劉將軍厚恩，誓以共死，不可背之。吾終不留，吾要當立效以報曹公，乃去」（《三國志‧蜀書‧關張馬黃趙傳》）。斬殺顏良，報曹之恩後，護劉備家小離開了曹營；他「溫酒斬華雄」，「千里走單騎（過五關斬六將）」，「單刀赴宴」，「水淹七軍」等英雄事蹟被後人傳為佳話。但是，關羽有一個致命的缺點就是驕傲自大。

　　在《三國演義》中，關羽集驕傲、狂妄、輕敵、自大於一

身。孫權想要同關羽聯姻，想聯合關羽共破曹操，就派諸葛瑾涉江替孫權世子求婚，可關羽一聽勃然大怒道：「吾虎女安肯嫁犬子乎！不看汝弟之面，立斬汝首！再休多言！」這一句話不但丟掉了「聯吳」的大好機會，而且與東吳結下了大仇，把孫權推向了曹操的陣營，由此埋下了失敗的禍根！

大臣費詩拿誥命到荊州封關羽，當他得知和老將黃忠同為「五虎將」時，很生氣：「黃忠何等人，敢與吾同列？大丈夫終不與老卒為伍！」遂不肯受印。幸好費詩的嘴會吹喇叭，把他抬到與漢中王平起平坐的地位，關羽才甘休。要不估計劉備也沒面子。

陸遜知道關羽驕傲自大、目中無人，打了勝仗更是得意，就故意派人送信給關羽，信中對關羽大肆吹捧了一番，關羽看到陸遜的信中都是謙卑的話以及對關羽的吹捧，就鬆懈了對荊州的防備，並將荊州的兵力調往了樊城，王甫勸他「糜芳、傅士仁守二隘口，恐不竭力；必須再得一人以總督荊州。」但關羽卻固執己見，聽不進去，結果痛失荊州。瀕臨絕境時，關羽已經沒有驕傲的資本了，可是他卻秉性難移，就在敗走麥城時，王甫勸他宜走大路，小路恐有埋伏。這個典型的「自大狂」竟說：「雖有埋伏，吾何懼哉！」關羽如果此時能放下架子，或許還能留得青山在，可是他卻因為自己的驕傲丟了性命。

關羽的一生是英武的：「漢末才無敵，雲長獨出群，神威

第四章　別把自己太當回事，低調為上策

能奮武，儒雅更知文。天日心如鏡，《春秋》義薄雲，昭然垂萬古，不止冠三分！赤面秉赤心，騎赤兔追風，馳驅時無忘赤帝。青燈觀青史，仗青龍偃月，隱微處不愧青天。」這是《三國演義》對關羽的描寫。關羽的一生也是悲壯的，他的悲劇源於他的驕傲自大。莎士比亞說：「一個驕傲的人，結果總是在驕傲裡毀滅了自己。」這句話用在關羽身上再合適不過了。

不光是東方人把謙虛視為美德，歐美也一樣，孟德斯鳩說：「謙虛是不可缺少的品德。」加爾多斯說：「一種美德的幼芽、蓓蕾，這是最寶貴的美德，是一切道德之母，這就是謙遜；有了這種美德我們會其樂無窮。」奧斯特洛夫斯基說：「謙虛可以使一個戰士更美麗。」泰戈爾說：「當我們是大為謙卑的時候，便是我們最近於偉大的時候。」可見謙虛是人類共同珍視的美德。

柯立芝總統是以謙遜聞名的，謙遜使他獨具魅力也讓他受益頗多。柯立芝在阿姆斯特大學的最後一年，曾獲得了一枚金質獎章，它是由美國歷史學會獎給的最高榮譽。這在全美國來講，是件很榮耀的事情，可柯立芝並沒有將這件事告訴任何人，甚至連自己父母都沒有告訴。畢業後，聘用他的裁判官伏爾特無意中從六週以前一份雜誌的消息中發現了這件事。這使他對柯立芝另眼相看，不久便給了他一個很重要的職位。柯立芝為人謙遜，工作勤奮有口皆碑，使得地方銀行及其他行業也都開始聘用他。

做了兩年律師後，柯立芝步入政壇，任市議會議員，之後的仕途坦蕩，歷任市長、州參議員、副州長，州長，於一九二〇年被提名為共和黨副總統候選人，在大選中獲勝，在總統去世後繼任總統。他處事謹慎，在一九二四年又贏得了總統候選人的提名，在大選中獲勝。在一九二八年他再獲提名，但被他拒絕。

謙卑是做人必備的品格。謙虛謹慎的品格能夠使你看到自己與他人的差距，發現自己的不足，勤奮努力、虛心請教。在待人接物上也溫和有禮、平易近人，尊重他人，善於傾聽他人的意見和建議，取長補短。在成績面前從不居功自傲，在缺點與錯誤上也不文過飾非，勇於承認錯誤，積極改進。謙虛謹慎會使一個人在面對成功榮譽時不驕傲、不自滿，不會陷在榮譽和成功的喜悅中不知所措，沾沾自喜於一己之功，不再進取，而是把它視為一種激勵自己繼續前進的動力。

越是有成就的人越是不喜歡被人讚美，也越是懂得自己的微不足道。相反只有那些對自己沒有自信的人才會為一點成績吹噓炫耀，掩飾自己不如他人的地方。而一個真正成功的人從不會自我吹噓炫耀，他懂得自己的成績他人看得比他自己更清楚。

盛滿易為災，謙沖恆受福。一分鐘一秒鐘自滿，在這一分一秒間就停止了自己吸收的生命和排泄的生命。只有接受批評

才能排泄精神的一切渣滓。只有吸收他人的意見才能添加精神上新的滋養品。

低調是把保護傘

低調既可以讓人在卑微時安貧樂道、豁達大度，也可以讓人在顯赫時持盈若虧，不驕不狂，低調做人是一種品格、一種風度、一種修養、一種智慧、一種謀略，是做人的最佳姿態。低調做人不僅可以暗蓄力量，在不露痕跡中成就事業，也可以保護自己，與人和諧相處。

做人要低調，即使你自認為才華橫溢，能力強，也要學會藏鋒芒。棒打出頭鳥，如果一個人過度的顯露自己的才能和智慧，只會招來禍患，尤其會受到小人的攻擊，低調做人則是一種爆發前的磨礪和積蓄，即是最沉穩的中庸術也是最智慧絕妙的保身術。

曾國藩能夠順利的升遷，與他低調做人不無關係。他的為官處世之道還被後人研究。

曾國藩，清朝三百年第一名臣，被認為是升官最快、做官最好、保官最穩之楷模，他的為官從政之道深受後人追捧。

曾國藩是一個懂得人情世故的人，他十年連躍十級，在清朝獨一人；他政聲卓著，治民有言，歷盡宦海風波而安然無恙，榮寵不衰。他研習古書，深知官場規則，因此，雖然屢升

官職，但是一直保持低調，在同僚中常保藏鋒內斂之心，以避免樹敵。

曾國藩是傳統文化人格精神的典範式人物，他從少年起，就「困知勉行，立志自撥於流俗」，時常反省，教導自己，他豁達大度，待人謙恭自抑，一生朋友眾多，非常受人尊敬，他三讓同學的故事被人們傳為佳話；他深知「水滿則溢，月盈則虧」的道理，所以夾著尾巴做人，昂首挺胸做事。

道光時期，曾國藩升官極快，三十七歲就做到了禮部侍郎，官至二品。但曾國藩頗為鈍拙，仍在同輩大夫中「屬中等」。按規定，升為正三品後轎要由藍色轉為綠色，護轎人也要增加兩人，而且可以配備引路官。但是曾國藩卻令百官詫異，他升為三品官後除了身邊不得不增加兩名護衛外，轎前不僅沒有引路官，連扶轎的人也省去了；而且仍乘藍轎。沒多久，曾國藩又升為了二品大員。按清朝官職，四品以下官員准乘四人抬的藍轎，三品以上官員准乘八人抬的綠轎，俗稱八抬大轎。但這並非硬性規定，官員如達到品級而收入不豐者，可以量力而行；曾國藩的下人就為他推舉了四名轎夫，要把四人大轎換為八抬大轎。但是，曾國藩對於可擺可不擺的架勢，可坐可不坐的大轎，一律是不擺不坐。雖然，曾國藩因乘藍轎而被下級官員欺侮，但京城三品以上的大員出行，都知道向護轎的官員交代一句：「長點眼睛，內閣學士曾國藩大人坐的可是藍轎。」

第四章 別把自己太當回事，低調為上策

曾國藩守拙，善於藏巧。城府很深，又有心機，在宮廷政治鬥爭異常激烈的晚清時期也相安無事。曾國藩為官多年從不與朝中權貴拉幫結派，但是又與朝中掌握生殺大權的官員保持著密切的聯繫，在道光朝依靠穆彰阿、咸豐朝依靠肅順、同治朝依靠恭親王奕訢等，而且形跡顯然。但是穆彰阿、肅順後來都不得善終，奕訢也受盡磨難，而曾國藩卻官照升，銀子照拿，宦海浮沉似乎與他無緣。

低調做人是做人的一種手段。曾國藩為人處事低調，官至二品能做到不矯揉、不造作、不招人嫌、不招人嫉、不捲入是非，「從政要學曾國藩」，他的處世哲學成為從政人員學習的經典。

樹大招風風撼樹，人為高名名喪人。古往今來多少才華橫溢的人因鋒芒太露而遭遇不測，鋒芒太露只能害了自己。很多時候，要想得到別人的尊重就必須藏鋒，能隱藏自己才能的人才是真正聰明的人。

別太聰明，細水長流

荷蘭哲學家，十六世紀初歐洲人文主義運動主要代表人物伊拉斯謨說：「人類的災難源於聰明睿智，拯救靈魂的奧祕是愚魯。」聰明固然好，但是社會複雜，人心難測，海水難量，在生活中光有高智商是不行的，人要懂得變通，有時候該裝「傻」的

時候就得「傻」點，以免令人眼紅，遭人嫉妒。

高智商、能力強是上天賦予我們的一筆人生財富，用好了可以為你贏得大利，用不好則有可能「破產」，所以要會「投資」才行。但是因為很多人投資不當而屢屢受挫。

賈誼是西漢著名的政論家及文學家，十八歲時就因有才而出名，經河南郡守吳公推薦，二十餘歲被文帝召為博士。不到一年被破格提為太中大夫。但是在二十三歲時，因遭群臣忌恨，被貶為長沙王的太傅。後被召回長安，為梁懷王太傅。梁懷王墜馬而死後，賈誼深自歉疚，三十三歲時因憂傷而死。

賈誼初到中央政府就被任命為博士，當時他才二十一歲，在所有的博士中是最年輕的。博士是皇帝的諮詢官，每次漢文帝有問題要博士們討論時，賈誼都能把其他博士想說又說不出來的看法說得頭頭是道，有理有據，那些「老」博士們都很佩服他的才能，文帝也很賞識他，所以在一年之中就破格提拔他為太中大夫。

賈誼認為漢朝政局已穩定，為了鞏固漢朝的統治，向漢文帝提出了一系列針對「漢承秦制」的改革措施，文帝認為時機還不成熟，所以沒有採納。在文帝二年，賈誼幫助漢文帝修改和訂立了許多政策和法令，這些中包含「遣送列侯離開京城，回到自己封地」的措施，列侯不願離開京城到自己的封地去，實行起來非常不易，當時陳平已死，功勞最大、權最重的是絳侯周

第四章　別把自己太當回事，低調為上策

勃，漢文帝讓周勃帶個頭，就免了他的丞相職務，到自己的封地去。這樣一來，列侯們才陸續離開京師。因此賈誼得罪了這些功臣元老。

漢文帝認為賈誼年輕有為，很有見識想提拔他委以重任，卻受到重重阻力。首先是一些功臣顯貴，如絳侯周勃、潁陰侯灌嬰、東陽侯張相如、御史大夫馮敬等，他們是漢朝的開國功臣，後來又除諸呂立文帝安劉氏再立新功。他們封侯拜相，位高權重，到了文帝朝，他們已經年老，自恃功高，思想守舊，胸襟狹隘。對於賈誼這樣學識淵博、又有新思想的年輕文人，他們既因賈誼年輕，資歷淺而看不起他，又因為他才華過人而嫉妒他，還有賈誼之前的革新思想得罪了這些權貴。讓賈誼和他們平起平坐，顯貴們接受不了。當時文帝即位不久，而周勃、灌嬰這些人是先帝的舊臣，權重勢大，文帝雖愛賈誼的才能，但也不能違背權貴的意願而進一步提拔他。還有一個障礙就是文帝的寵臣佞幸鄧通，鄧通沒有什麼才學，完全是靠運氣才受寵的，鄧通嫉妒賈誼的才能，常在文帝面前說他壞話，文帝也就漸漸疏遠了賈誼。

在內外夾擊下，賈誼沒能施展他的抱負，被貶出京，到長沙，任長沙王的太傅。漢文帝七年，文帝因想念賈誼便把他從長沙調了回來。賈誼回到長安，朝廷上發生了很大變化，灌嬰已死，周勃在遭冤獄被赦免後回到絳縣封地，不再過問朝中政

事。但是，文帝還是沒有對賈誼委以重任，只是把他分派到梁懷王那裡去當太傅。主要原因是因為鄧通，賈誼曾多次得罪過他，加上鄧通本來就很嫉妒賈誼，因此，鄧通成為了賈誼仕途上的一大障礙。

賈誼雖有治世之才，但是他不懂得處世之道。他的聰明才智不僅沒有讓他的官運亨通，反而是樹立了不少敵人。賈誼之前順風順水，卻因為不懂得低調而招眾人嫉妒。「直木先伐，甘井先竭。」處事要低調些，鋒芒太盛而被夭折，那就太不划算了。

《菜根譚》中說「藏巧於拙，用晦而明，寓清於濁，以屈為伸，真涉世之一壺，藏身之三窟也。」做人寧可顯得笨拙一些，也不可顯得太聰明，寧可收斂一下，也不可鋒芒畢露；寧可隨和一點，也不可自命清高；寧可退縮一點，也不可太積極前進。只有這樣，細水才能長流。

放低了自己，也就抬高了別人

適當的把自己放得低一點，也就等於是把別人抬高了許多，使對方感到自己被尊重，自然就容易拉近雙方的距離。如果總是一副高高在上的樣子，只能讓別人對你敬而遠之。「水能載舟亦能覆舟」，要想成就大事，就必須要凝聚人心，讓人心甘情願的追隨自己。

第四章　別把自己太當回事，低調為上策

在適當時候，保持適當的低姿態，絕不是懦弱和畏縮，自我貶低，低人一等，而是不顯山露水的自我肯定，是聰明的處世之道，是人生的大智慧。有一定身分地位的人，放下身段和大家平和相處，非但不會低下反而更能得到大家對他的尊重。

美國第十六任總統亞伯拉罕‧林肯，是美國首位共和黨籍總統，也是歷史上首名遇刺身亡的總統。他與喬治‧華盛頓，富蘭克林‧羅斯福被公認為是美國歷史上最偉大的三位總統。英國《泰晤士報》組織了八位英國頂尖國際和政治評論員組成的一個專家委員會對四十三位美國總統分別以不同的標準進行了排名，在最偉大總統排名中林肯名列第一。

在林肯任期內，美國爆發了內戰，史稱「南北戰爭」，林肯擊敗了南方分離勢力，廢除了奴隸制度，維護了國家的統一。為美國在十九世紀躍居世界頭號工業強國開闢了道路，使美國進入經濟發展的黃金時代，被稱為「偉大的解放者」。

林肯不僅是一位偉大的總統，也是人民的親密夥伴，他從來不把自己看得高人一等，而是總能站在他人的立場，設身處地的為他人著想，甚至還為自己的錯誤向下屬道歉。

美國南北戰爭初期，聯邦軍遭受到了嚴重的挫折，這讓林肯很惱火，常常發脾氣。一天，一位受了傷的團長從前線回來向林肯請假，說要去看望他生命垂危的妻子。林肯一聽「請假」，還不等人把話說完就訓斥道：「你作為一個軍人，難道不

知道現在是什麼時期嗎？我們被戰爭、苦難和死亡壓迫者，家庭的感情在和平的時候會使人們快活，但現在它沒有任何餘地了。」那位團長很失望，但是，他什麼也沒說，仍站在那裡認真的聽著總統的「教訓」，待林肯說完話後行了個軍禮，便回去休息了。

第二天天還沒亮，團長還在睡覺，聽到有人敲門，披了件衣服就趕緊開門，一看是林肯，不禁大吃一驚。林肯總統一見團長，便用雙手緊緊握住他的手誠懇的說：「親愛的團長，我昨天對你的態度實在是太粗魯了，我很抱歉。我們對那些獻身國家的人，特別是家庭有困難的人，應當關心體貼。我昨天懊悔了一夜，一直不能入睡，現在，特來請你原諒。」團長緊緊握住林肯總統的雙手，感動得熱淚盈眶。這讓團長對林肯更加尊敬了。

放低姿態，並不會使高貴者變得卑微，相反，它更能增強人們的崇敬之情，拉近人與人之間的距離。林肯不把自己當高高在上的總統，而是當一個普通人看待，即使自己犯了錯誤也要向下屬認錯，這就是他人格的偉大之處。在名利的巔峰，敢於俯下身子來做普通人，這難道不是一種風度、一種智慧，一種做人的最佳姿態？越是偉大的人越不會因為自己身分的高貴而自命不凡，相反的會時刻鞭笞自己，謙虛做人，謹慎處事。

山不解釋自己的高度，並不影響它聳立雲端；海不解釋自

己的深度，並不影響它容納百川；地不解釋自己的厚度，沒有誰能取代它孕育萬物的地位……做人不需要解釋，便成為智者的選擇。低頭做人，是一種姿態，一種修養，一種胸襟。卑微時，安貧樂道，豁達大度；顯赫時，持盈若虧，不驕不狂。才大而不氣粗，居功而不自傲，這樣不僅可以保護自己融入社會，而且可以韜光養晦、暗蓄力量，在夾縫中悄然潛行，在不顯山不露水中成就事業。

石崇炫富，招禍端

有人為了贏得他人的關注、認同以及推崇，不惜一切代價去炫耀自己所擁有的財富和「風光之事」，這樣雖然可以賺到一些羨慕，但也會招來嫉妒、反感、甚至是厭惡。西晉時期的石崇就是一個愛炫耀、比較的人，到最後卻落得個人亡財散的地步。

石崇，西晉首富、文學家、著名美男子。作為古代富豪，知名度很高。石崇雖是西晉開國功臣石苞之子，但卻是白手起家。石苞臨死前把自己的財產分給了其他的兒子們，單單就沒有分給最小的石崇，說：「此兒雖小，後自能得」，後來石崇果真成了巨富。

石崇少而聰慧，有勇有謀，前期靠著自己的勤勞富甲一方，但是後期卻是極度的奢侈腐敗，姬妾成群，而且很喜歡炫

耀，他與皇親國戚王愷鬥富的故事最為人們知曉。

　　石崇喜歡炫富，生活極盡奢侈，天下所有美妙的音樂都進了他的耳朵；水裡游的、地上跑的、天上飛的珍禽異獸都進了他的廚房；連他的廁所都是富麗堂皇。廁所裡備有各種香水、香膏給客人洗手、抹臉，還有十多個穿著錦繡、打扮豔麗的女僕列隊伺候客人上廁所。客人上過了廁所，這些侍女就要客人把原來的衣服脫下來，換上新的才讓他們出去。凡是上過廁所的衣服就不能再穿了，以至於大多數的客人都不好意思上廁所。

　　劉寔年輕時很貧窮，後來當了大官生活上仍然保持著勤儉樸素的美德。一次他去拜訪石崇，上廁所時見廁所裡有綠色蚊帳、墊子、褥子等，陳設極其講究，甚至還有婢女手捧香袋伺候就忙退了出來，並笑著對石崇說：「我錯進了你的內室」。石崇說，那是廁所。劉寔說：「我享受不了這個。」便改進了別處的廁所。

　　王愷是晉武帝的舅舅，也是當時的巨富，石崇喜歡與他比奢靡。王愷飯後用糖水洗鍋，石崇便用蠟燭當柴燒；王愷做了四十里的紫絲布步障，石崇便做五十里的錦步障；王愷用赤石脂塗牆壁，石崇便用花椒。晉武帝暗中幫助王愷，賜了他一棵二尺來高的珊瑚樹，枝條繁茂，樹幹四處延伸，是世上少有之物。王愷便把這棵珊瑚樹拿來給石崇看，石崇看後，竟然用鐵製的如意擊打珊瑚樹，把珊瑚樹給敲碎了。王愷感到很惋惜，

認為石崇是嫉妒自己的寶物，石崇說：「這不值得發怒，我現在就賠給你。」於是命令手下的人把家裡的珊瑚樹全部拿出來，這些珊瑚樹的高度有三尺四尺，樹幹枝條舉世無雙而且光耀奪目，像王愷那樣的就更多了。王愷看了，很是失意。

據《耕桑偶記》載，外國進貢火浣布，晉武帝製成衣衫，穿著去了石崇那裡。石崇故意穿著平常的衣服，卻讓從奴五十人都穿火浣衫迎接武帝。可見石崇炫富到了什麼地步。

石崇有一個寵妾「綠珠」既有美貌又有才情，因而石崇在眾多姬妾之中，唯獨對綠珠別有寵愛。綠珠善吹笛，又善舞《明君》，石崇和當時的名士左思、潘岳等二十四人曾結成詩社，號稱「金谷二十四友」。每次宴客，必命綠珠出來歌舞侑酒，見者都忘失魂魄，因此綠珠之美名聞於天下。

石崇在朝廷投靠賈謐，後來賈謐被誅，石崇因為與賈謐同黨被免官。趙王司馬倫專權，石崇的外甥歐陽建又與司馬倫有仇，依附於趙王的孫秀垂涎綠珠的美色，在石崇有權勢的時候只能「暗戀」，石崇被免職後他便立即明目張膽的派人來向石崇要人，石崇將其婢妾數十人叫出讓使者挑選，但就是不把綠珠獻出，使者暗示他今非昔比，勸其三思，石崇堅持不給，使者回報後孫秀大怒，就勸趙王殺了石崇，於是趙王派兵把石崇給殺了。綠珠為其墜樓。石崇臨死前才懂得是自己一味的炫富招來的災禍。石崇被殺後，其財產也被沒收了。

「人為財死鳥為食亡。」石崇龐大的家產在亂世中必定會成為人們掠奪的對象，再加上他一味的炫耀更是火上澆油，待其失勢，立馬遭人對付。從表面看石崇是因其愛妾綠珠而死，實際上他早已為自己埋下禍端，敢和皇帝比富的人能有什麼好下場？

世界是精彩的，同時也是讓人無奈的。一個人一時的成就不代表永久，也不代表你永遠高人一等，千方百計的炫耀自己，只能把自己的無能進一步暴露在人們面前。成績是自己的，如果過於張揚，只知炫耀只會帶來負面效應，處處比別人強並不會為你帶來什麼。一個有真才實學的人絕不會自我誇耀，因為他知道學無止境，也知道人外有人。謙遜一點，人們會更喜歡你。

第四章　別把自己太當回事，低調為上策

第五章

不看高自己，也別低估別人

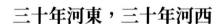

第五章 不看高自己，也別低估別人

三十年河東，三十年河西

　　《菜根譚》中有說，「聲色未必障道，聰明乃障道之藩屏。」自古成大事者都謹小慎微，「心眼」勝人一籌，懂得在豐功偉績下藏鋒芒，來保全自身。相反的是那些居功自傲，自以為是的人，無論他們有多麼大的功勞，一旦陷入了驕傲的泥淖，開始飄飄然的時候，厄運也離其不遠了。

　　年羹堯是清代康熙、雍正年間人，康熙三十九年（西元一七〇〇年）中進士，侍康熙、雍正兩朝，官至四川總督、川陝總督、撫遠大將軍，還被加封太保、一等公，他的妹妹是雍正的貴妃，高官顯爵集於一身。他運籌帷幄，馳騁疆場，位極人臣，深受雍正寵愛。但在雍正三年的十二月，他卻被雍正帝削官奪爵，列大罪九十二條，賜自盡。

　　年羹堯在康熙朝時就被得到賞識，曾被多次破格提拔。雍正即位後，年羹堯更受倚重，與雍正的親舅舅隆科多並稱為是雍正的左膀右臂。雍正待他非同一般，並希望他們彼此做個千古君臣、知遇榜樣。

　　雍正帝很器重年羹堯，恩寵備至。年羹堯受封，其家人也跟著沾光。雍正把他當作自己的心腹，重大決策都要徵求年羹堯的意見，甚至還交給年很大的實權，除掌管西部一切事物外，還告誡雲、貴、川的地方官員要秉命於年羹堯。雍正認為

有年羹堯這樣的臣子是自己的幸運，為了把年羹堯的評價傳之久遠，雍正還要求世世代代都要牢記年羹堯的豐功偉績，否則便不是他的子孫臣民了。

在生活上，雍正對年羹堯及其家人也是關懷備至。年羹堯及妻子得病，雍正都再三垂詢，賜送藥品。至於奇寶珍玩、珍饈美味的賞賜更是時時而至。雍正二年（西元一七二四年）十月，年羹堯入京覲見，又獲封賞，至此，雍正對年羹堯的寵信到了無以復加的地步，年羹堯所受的恩遇之隆，也是古來人臣罕能相匹的。

但是，年羹堯卻因皇帝的寵愛變得驕傲起來。他恃功自傲、專權跋扈、自以為是、亂劾賢吏和苛待部下，引起朝野上下公憤。更嚴重的是，他任人唯親，在軍中及川陝用人自專，稱為「年選」，形成龐大的年羹堯集團。而且，他在皇帝面前「無人臣禮」，完全沉浸於一種被奉承被恩寵的自我陶醉中，最終招致雍正的警覺和忌恨，以致家破人亡。

年羹堯的失寵是以雍正二年第二次進京覲見為導火線的。在赴京途中，他令都統范時捷、直隸總督李維鈞等跪道迎送。到京時，黃韁紫騮，郊迎的王公以下官員跪接，年羹堯則安然坐在馬上行過，看都不看一眼。王公大臣下馬向他問候，他也只是點點頭而已。更有甚者，他在雍正面前，態度竟也十分驕橫，「無人臣禮」。年的這些行為引起雍正對年的不滿。年結束

第五章　不看高自己，也別低估別人

覲見回任後就接到了雍正的手諭，是一段有關功臣保全名節的話，警告年要慎重自持，此後年羹堯的處境便急轉直下。

雍正三年，雍正對年羹堯的不滿開始公開化，到後來，內外官員看清形勢，紛紛揭發其罪狀。雍正以俯從群臣所請為名，盡削年羹堯官職，並於當年九月下令捕拿年羹堯押送北京會審。十二月，朝廷議政大臣向雍正提交審判結果，給年羹堯開列九十二款大罪，請求立正典刑。念其功勳卓著、名噪一時，於是表示開恩，賜其獄中自裁。年羹堯父兄族中任官者俱革職，嫡親子孫發遣邊地充軍，家產抄沒入官。叱吒一時的年大將軍以身敗名裂、家破人亡告終。

這位顯赫一時的年大將軍曾經屢立戰功、威鎮西陲，滿朝文武無不服其神勇，同時也得到雍正帝的特殊寵遇，可謂春風得意。但是不久，風雲驟變，彈劾奏章連篇累牘，各種打擊接踵而至。一個曾經叱吒風雲的大將軍最終落此下場，實在令人扼腕歎息。

世事變幻，一時的成就並不代表永久，三十年河東，三十年河西，下一秒將要發生什麼誰也不知道。一個人過於趾高氣昂，終歸有一天會因為頭昂得太高而掉腦袋。人應該謙遜做人，成就越高則越要藏鋒芒，這樣才有可能立於不敗之地。豐功偉績原本就易招人嫉恨，再加上自己過度的炫耀、趾高氣昂，這是在加快挖墳墓的速度，是在自取滅亡。

138

生活中，寒光森森的銳器往往會使人感到憂心和震懾，在與人交往的過程中，會使人油然生出一種距離感，或產生迴避、逃遁等心理意識，甚至成為你的阻力，成為你的破壞者。所以，一個人如果鋒芒太盛，就會喪失掉一些機會和朋友，就會延長與成功的距離。或讓成功半路夭折，等到你明白這種道理時，已經事過境遷，悔之晚矣。正應了「萬事古難全。」「盈則損，直則折。」這些話，弱者有弱者的不幸，強者有強者的不幸，而人生就在這幸與不幸之間。

自我審視，方成聖賢

春秋時期，孔子的學生曾參勤奮好學，深得孔子的喜愛，同學問他為什麼進步那麼快。曾參說：「我每天都要多次問自己：替別人做事是否盡力？與朋友交往有沒有不誠實的地方？先生教的學問是否學好？如果發現做得不妥就立即改正。」人貴自省，自省而知恥，知恥而後改，知錯能改善莫大焉。

周處原來並不是一個聖賢之人，他被鄉里人認為是民間最痛恨的「三害之一」，有人勸他去除三害，目的是為了能少一害。

三國晚期，在吳國太湖西南岸地區，有民間最痛橫的「三害」。所謂三害，一是指虎，當地有猛虎傷害人畜；二是指蛟，蛟潛藏在河中，時常翻船傷人；第三個就是指無賴少年周處了。

第五章　不看高自己，也別低估別人

鄉里人將周處與虎、蛟並列為三害，可知人們對周處的痛恨程度了。

　　周處年輕時，凶暴強悍，好爭鬥，父親在外地做官，母親早死，所以他無人管教，毫無教養。加上是太守之子，橫行鄉里。他年紀雖小，力氣卻很大，有一身好武藝。平時在街頭巷尾，他總尋釁鬧事，打架罵人。人們把他列為三害之一，而他自己卻不知道。有一天，周處見橋頭坐著一個老人，愁眉苦臉的，就上前挑釁說：「你這個老不死的，有什麼不高興的？」老人說：「這裡的三害未除，我為大眾擔憂。」周處忙問：「哪三害？」老人回答說：「南山中白額猛虎，經常下山來吃人；長橋下五爪惡蛟，常常掀翻來往的船隻，這第三害等你把這兩害除了再告訴你。」說完，老人揚長而去。

　　周處聽後不以為然的說：「若說虎、蛟是害，我立即可去殺死牠們！」於是周處進入南山中，用強弓利箭射殺了猛虎。然後，他又手執寶劍下河，與惡蛟搏鬥了三天三夜，在河中漂流了九十里，與蛟一起沉入水中。之後，大家興高采烈的開始慶祝，以為「三害」都除了。三天後，周處殺死惡蛟歸來，看到一片喜慶的場面，才知道家鄉人民都盼望他早些死去。這才明白第三害是自己，沒想到家鄉人這麼痛恨自己，於是決心痛改前非。

　　周處長途跋涉去找大學問家陸雲求教。他對陸雲說：「我過

去品德極差，現在決心發憤改過，又擔心自己年齡將近二十歲了，悔悟改過，不知是否還來得及？」陸雲教導他說：「一個人早晨懂得了做人的道理，即使到晚上死去了，這樣的人也不枉活一生。你還很年輕，立志改過當然來得及。」此後，周處一改前非，勤學好問，立志成大業。不久，他就被推薦到州府去做事。後來還擔任過太守、御史中丞等官。他為官清廉，敢於與邪惡勢力作鬥爭，贏得了人民的好評。

周處之前雖然被人們所痛恨，但是他懂得反省，知道是自己的問題便立即去改正。這是很難得的。一個人最難做到的就是客觀公正的認識自己，不留情面的解析自己，敢於面對自己的缺點和不足。周處痛改前非，不僅一改之前作惡的壞習慣，還成為了一名敢於同惡勢力作鬥爭的好官。

人非聖賢孰能無過，就算是聖賢之人也會犯錯誤。世界上沒有誰是絕對完美的，也沒有誰是不會犯錯的，每個人都會犯錯，但未必能知錯就改。犯了錯但不改正就造成了人與人之間的交往障礙。在實際生活中不乏這樣的例子，因為每個人都堅持自己是正確的，不願承認自己不如別人，這樣難免就會留下不滿和爭執，影響人與人之間的情感交流，所以人貴在自省，知錯能改。

重視每一個對手，不輕易否定任何一個人

　　英國哲學家約翰・洛克說：「禮儀不良有兩種：第一種是忸怩羞怯；第二種是行為不檢點和輕慢；要避免這兩種情形，就只有好好的遵守下面這條規則，就是，不要看不起自己，也不要看不起別人。」有句古話：「智者千慮必有一失，愚者千慮或有一得。」沒有十全十美的人，同樣也不會有一無是處的人，每個人都有優點也有缺點，所以，不要輕易的去否定別人，因為你並不一定比他強。

　　每個人都喜歡被肯定，這就和人喜歡聽讚美之詞一樣。希望自己能被尊重和肯定，而不願輕易的接受別人的批評。所以就如東晉的葛洪所說：「勞謙虛己，則赴之者眾，驕慢倨傲，則去之者多。」輕易的否定別人就是輕視他人，輕視就是傲慢，傲慢的人容易樹敵。關羽「吾虎女安肯嫁犬子乎」便把孫權給得罪了；禰衡高傲，不把別人放眼裡，結果把周圍的人都得罪光了，落得一個誰都想殺的地步。

　　不能因為自己對他人有成見就盲目的否定別人，一己之見往往有失偏頗；不要總以為自己是正確的，你也有出錯的時候；不要因為自己占優勢就輕敵，或許正是因為這一次的疏忽，就會造成你的失敗。因為輕敵而慘敗的例子不勝枚舉，曹操在赤壁之戰中既輕敵又固執己見，結果失去了一統天下的良機。

赤壁之戰結束後，曹操的軍隊受到重創，使他沒有能力再捲土重來，完成統一大業。赤壁之戰前，曹操可謂雄心壯志、氣吞山河，討董卓、伐呂布、滅袁紹、攜天子而令諸侯，一度統一了北方，因其廣納賢才，其麾下兵精將廣，人才濟濟，但是在軍事上占絕對優勢的他卻在赤壁一戰中遭到慘敗。

赤壁之前，曹操一路凱歌。但被勝利沖昏了頭腦的曹操卻驕傲自滿，在戰爭的指揮謀劃中顯得心浮氣躁；他認為勝券在握，就根本不把劉備孫權聯軍放在眼裡，卻在盤算勝利後怎麼享樂。因為在軍事上曹操占絕對優勢，所以既沒有研究戰略戰術也沒有去打探消息，反而讓孫權的探子多次混入曹營。由於一時的疏乎大意，曹操沒有認真的看清當時的形勢，沒有識破黃蓋詐降，以及龐統來獻「連環計」的用心，連中兩計。將數十年的累積毀於一旦。

曹操固執己見，在他準備揮師南下時，謀士賈詡曾力諫曹操不宜南下，因為曹操的軍隊大多都是北方人，不習水戰，其中唯一善於水戰的部隊是荊州被迫投降的水軍，而這些人軍心不穩，戰鬥力不強。也正因為如此，周瑜等人才請龐統前往曹營獻連環計，曹操由於求勝心切，又沒有水上作戰的經驗，對長江流域的氣候條件缺乏研究，因而沒有過多的思索，而採納了龐統的計策。

這時程昱等人勸曹操要謹慎小心，明察秋毫，可曹操卻不

第五章　不看高自己，也別低估別人

聽勸告，一意孤行。當身邊的謀士提醒曹操當心對方用火攻時，曹操不以為然，以為當時刮北風，對方不敢用火。豈料戰鬥打響時，風向突然逆轉，亂起了東南風。更為不幸的是，當天還有大霧，當黃蓋帶領二十餘艘船隻前來「投降」時，曹操根本看不清船頭的士兵乃是稻草紮成的，而且船上灑滿了硫磺，當他看清真相時為時已晚，烈火順風衝進曹營，立刻就讓曹軍亂了陣腳。最後，曹操慘敗。

　　曹操失敗的最主要原因就在於他「過於自信」，既不把敵人放在眼裡也不聽人勸告，自以為是、一意孤行，結果造成了終身的遺憾。你的敵人或許沒有你強大，但是或許他的優點恰恰是你的缺點，就像「田忌賽馬」一樣，雖然按標準來說田忌的馬在總體上沒有優勢，但是把這些馬重新組合一下，田忌卻贏得了比賽。孫權與劉備的軍事力量雖然不及曹操，但是他們卻利用曹操的弱點擊敗了他，取得了戰爭的勝利。所以說，不能輕易的否定任何一個人。

　　生活在現實中的我們也一樣，不能因為自己優秀就輕易的去否定別人的能力，或許你也有需要他人幫助的地方。我們雖然不需要去打仗，但是現代社會競爭激烈，商場如戰場，稍有不慎，就會被對手打敗。即使你具有絕對的優勢也不免有失敗的可能，所以應重視每一個對手，不輕易否定任何一個人。

不要太沉浸在過去的輝煌中

當一個人在他人面前喋喋不休的講述當年自己過往的「輝煌」時，開始大家會饒有興趣的聽你「炫耀」或者還會有那麼一點的敬仰，但是如果話講得多了，便會招來他人的厭煩，自然對你的故事就失去了興趣。人不能總是沉浸在過去，即使在過去你輝煌過，那麼也僅能代表你過去的成就，不能對未來說明什麼。未來怎麼樣，要看你現在的狀態，如果只知道沉浸在過去的輝煌中，不思進取，那麼你的未來註定是一團糟。

對於我們來講，過去不管是輝煌的還是悲慘的，那僅僅是過去，對未來不會有太大影響，我們不要只留意從前，而要放眼未來，這樣我們才能走得更遠。

迪肯貝·穆湯波，NBA 籃球明星，曾效力於休斯頓火箭、丹佛金塊、紐澤西籃網、費城七十六人、紐約尼克、亞特蘭大老鷹等球隊，在中鋒的位置上防守或進攻，取得了傲人的成績。他曾是 NBA 最出色的中鋒之一，NBA 歷史上第一位四次獲得最佳防守隊員的球員，一次入選 NBA 最佳陣容第二隊、兩次入選最佳陣容第三隊（一九九八年和二〇〇二年）。三次入選 NBA 最佳防守陣容第一隊、三次入選 NBA 最佳防守陣容第二隊。

在二〇〇一年他代表費城七十六人打總決賽時，每場平均

得分十六點八、搶下十二點二個籃板，給對手湖人隊造成了不少的麻煩。在二〇〇二年感恩節的前夕穆湯波弄傷了手腕，動完手術整整休了近四個月，直到二〇〇三年的三月底才歸隊，他的比賽場數明顯減少了，加上他的哥哥又在剛果意外身亡，對他的身心打擊很大，使得他的比賽更少了。對自己的低潮狀態，穆湯波顯得有些茫然，但他仍然對自己的未來有信心，他說：「就連太陽都有升起和落下的時候。」所以他堅信自己的NBA生涯還遠沒有結束，而總決賽夢想就在眼前。

穆湯波沒有因為自己之前的輝煌成績而心高氣傲，而是著眼於未來自己的發展，以及自己夢想的實現上。在二〇〇九年四月十一日，對金州勇士，全場比賽他一共上場三十五分鐘，七投三中、罰球五罰四中得到十分並搶下十五個籃板，其中有五個前場籃板，此外還有四次蓋球。四十二歲的穆湯波也成為了NBA歷史上年齡最大的拿下兩雙的球員。此外，他的三二八九次蓋火鍋在現役球員中排名第一，在NBA歷史上排名第二，僅次於火箭另一名傳奇中鋒哈基姆・奧拉朱旺。每當送給對方大帽後穆湯波搖擺食指的動作已經成為他的標誌性行動。

我們生活在時間之流中，既不可能讓時間凝固，更不可能讓時間倒轉。過去的一切都已經過去，無論多麼輝煌都已經過去，對我們的生命實際上不可能構成新的意義。現在是一個不斷成為過去，不斷迎接未來的時刻。所以，不斷的對我們的生

命構成新的意義的唯有未來。未來的一切可能性都存在於我們的生命運動之中。只有面對未來的生命才可能重放光彩。

　　每個人都希望自己的人生絢麗多彩，但是這多彩的人生要靠自己不斷的努力，一刻也不能停歇。即使你在過去很優秀，但是如果你停止了努力，那麼你的光芒也將會褪色。過去的輝煌需要回憶，但不能沉醉，需要延續，也需要細心的呵護，更需要發展。

驕傲是可怕的不幸

　　驕傲會讓一個人逐漸的走向失敗，讓之前的一切努力付諸東流，所以，驕傲對於想要有一番成就的人來說是可怕的不幸。

　　不管我們之前取得了多大的成就，只要我們有一點沾沾自喜的影子，那麼就將會賠上之前努力的成果。五代後蜀的後主孟昶就是因為驕傲自滿而亡國的。

　　孟昶，五代時後蜀第二任皇帝，同時也是末代皇帝。孟昶即位初年，勵精圖治，是一位好皇帝。但是他在位後期，卻驕傲自滿，沉湎酒色，不思國政，生活荒淫，奢侈無度，朝政十分腐敗，北宋僅用六十六天，就攻下了他的都城。

　　孟昶即位時年僅十六歲，他愛好文藝辭賦，曾命人在石頭上刻《論語》、《爾雅》、《周易》、《尚書》等十經，盡依太和舊本，歷時八年才刻成。又怕刻石經流傳不廣，就刻為木板，以便於

流傳。後世用木本刻書，即是始於後主孟昶。中國第一副對聯也始於孟昶。

孟昶資質端凝，少年老成，個性果斷。其父孟之祥晚年對「老將們」非常寬厚，而這些大臣也仗著自己資歷深而很放縱，作惡多端。孟昶即位，他們更是把他當成是個小孩，更加驕橫，奪人良田，毀人墳墓，欺壓良善，全無任何顧忌。這些人之中，以李仁罕和張業名聲最壞。孟昶即位數月後就拿這兩人開刀。除掉這些老臣舊將後，孟昶開始恭親政事，並在朝營增設「舉報箱」以通下情。他衣著樸素，興修水利，注重農桑，實行「與民休息」政策，後蜀國勢強盛，將北線疆土擴張到長安。加尊號「睿文英武仁聖明孝皇帝」。

隨著國家政局的穩定，孟昶開始自滿起來，「關起門來做他的皇帝」，對政事不聞不問。他寵信馬屁精王昭遠，凡一切政務，都任由王昭遠辦理。自己則酣歌恆舞，日夜娛樂。他為了打球走馬，強取百姓的田地，作為打球跑馬場，命宮女穿五彩錦衣，穿梭來往於場中，好似蝴蝶飛舞。生活極度奢侈。他的寵妃喜歡牡丹花，因此他就開闢宣華苑，不惜金錢，到處收集牡丹花種，栽植在內宮花圃。孟昶怕熱，每遇炎暑天氣，便覺喘息不已，甚至夜間亦難著枕，便在摩訶池上，建築水晶宮殿，以為避暑之所。孟昶的尿盆都是由珍珠寶玉做裝飾，豪侈至極。

後蜀廣政三十年（西元九六五年），宋師在大將王全斌的指揮下以兩路伐後蜀，蜀軍與宋軍在劍門關外進行一場大戰，蜀軍全軍覆滅，後蜀精兵被全殲，滅亡之勢已不可免了。宋軍包圍府，孟昶投降，後蜀滅亡。孟昶被俘後被封為檢校太師兼中書令、秦國公，居住在汴京。次年即西元九六五年，孟昶鬱鬱而終。

勵精圖治讓後蜀繁榮起來的孟昶同時也葬送了自己的國家。他解決了內憂卻疏忽了外患，他只懂得及時行樂，而不知居安思危。以為一時的太平可以保永久，而兩耳不聞窗外事，關起門來做皇帝，最終被北宋所滅。

後蜀的滅亡正是因為把一切都拒之門外，失去了讓自己進步的機會。越是知識豐富的人，越是謙卑，因為在他累積知識的過程中他會發現自己的不足，而越發的進取。相反的，那些淺薄的人，總會因為一點成就而沾沾自喜，止步不前。

平凡的人之所以會沒有什麼大的成就，就是因為太容易滿足而不求進取，一旦過上了舒適安逸的生活就停止了努力。他們工作只是為了賺取那份能持續其勉強溫飽的薪資，等待死神的光臨來結束自己的生命。那些追求成功的人則不同，他們從不炫耀自己一時的成就，反而會盡力尋求不滿足，以發現自己的缺點，並當作是自己前進的動力，而更加的努力。

不滿足是取得進步的先決條件，只有不自我滿足的人才會

第五章　不看高自己，也別低估別人

不故步自封，才能在人生的道路上找到通往成功的道路。就如《尚書·大禹謨》中所說：「汝唯不矜，天下莫與爭能；予唯不伐，天下莫與汝爭功。」意思是一個人只要不驕傲自滿，天下便沒有人與你逞能；只要不自我誇耀，天下便沒人和你爭功。謙虛會給你帶來不斷的驚喜，而驕傲則是可怕的不幸，只會將你引向失敗。

不要學項羽，為了顏面失去一切

　　自尊心的培養一直是美國兒童教育中最重要的一環，但是目前這一項延續了幾十年的教育思想開始面臨挑戰，專家們開始反思，自尊心太強是否是件好事？

　　適當的自尊心展現的是一個人的自信心和進取心，有助於個人發展，是積極的一面，但是凡事都有一個度，「物極必反」也同樣適用於性格當中，太過頭了就會達到反面效果，反倒變成了人格弱點。自尊心強的人往往很注重自己的外在形象以及個人成績，雖然進取心很強但又不免缺乏一點自信，反而會給自己增加壓力。這讓我們想起楚霸王項羽，他因為「無顏面對江東父老」而烏江自刎。

　　力拔山兮氣蓋世的西楚霸王項羽，是力能扛鼎氣壓萬夫的一代豪傑。但是卻因為兵敗垓下，自認為無顏見江東父老而自刎烏江。司馬遷評價他說：「位雖不終，近古以來未嘗有也。」

他的一生風起雲湧，為歷史寫下了一段不朽的神話，也在世人心中留下了遺憾。

項羽壯志雄心。早年，他與叔父項梁見秦始皇巡遊浙江，項羽見其車馬儀仗威風凜凜，便對項梁說：「彼可取而代也。」大澤鄉起義後不久，項羽在江東斬郡守後崛起，舉兵反秦。率軍入關中，以五諸侯滅暴秦，威震四海。項羽憑藉滅秦的巨功分封天下，冊封十八諸侯，大政皆由羽出，號為「霸王」，權同皇帝。而滅秦的另一主角劉邦卻被分在偏遠的漢中巴蜀之地。

劉邦因不滿漢中之地，於是在漢二年依然出兵定三秦，東向伐楚。劉邦與項羽為爭奪統治權而拉開了戰爭的序幕，最終「楚漢之爭」一決勝負。項羽四面楚歌，烏江自刎。

西元前二○三年，韓信把兵馬駐紮在垓下，準備與項羽進行決戰。他在十個方向埋伏了軍隊，又派士兵衝著楚營大聲叫罵，引得項羽率領十萬大軍一直衝到垓下，中了韓信的十面埋伏，陷入了漢軍的重重包圍。到了晚上，包圍楚軍的漢營中傳來了陣陣楚歌，婉轉淒涼，不少楚軍士兵都流下了眼淚。項羽吃驚的說：「難道楚軍全都投降了嗎？不然漢軍中怎麼會有那麼多的楚人呢？」項羽定了定神，騎上戰馬率領由八百多名壯士組成的騎兵隊，趁著夜色突出重圍，向南奔去。漢軍將領灌嬰立即率領五千騎兵追擊。項羽跑到陰陵時迷了路，後向在田中耕作的老翁問路，老翁告訴他向左。項羽便向左跑去，結果闖進

第五章　不看高自己，也別低估別人

了一片大沼澤之中，被漢兵追上了。項羽的騎兵與趕來的漢兵展開了血戰。項羽左刺右劈，殺了很多漢兵。漢軍將士看到項羽這麼勇猛，一時間不敢逼近，只是遠遠的叫嚷喊殺。

項羽和騎兵們跑到了烏江邊。烏江的亭長在江邊划著船，見項羽過來就對他說：「您趕緊乘船過江東吧，江東雖小但也有一千多里土地、幾十萬人口，您還可以在那裡稱王。」項羽聽後笑了一笑說：「當初我與八千江東子弟渡江西進，現在我怎麼能一個人回去呢？就算是江東父老同情我，立我為王，我還有什麼面目去見他們？說完把自己心愛的馬給亭長，讓他帶回江東，自己則在江邊拔劍自刎了。

俗話說，「留得青山在不愁沒柴燒」，項羽原本可以回到江東捲土重來，就如杜牧詩《題烏江亭》所言，「勝敗兵家事不期，包羞忍辱是男兒。江東子弟多才俊，捲土重來未可知。」但是項羽卻為了保留顏面而選擇了自刎，悲哉！

自尊心太強並非是一件好事。面對困境我們應該適當的放下自尊，像越王勾踐那樣，反敗為勝。像韓信那樣保全自身，而不是像項羽一樣，只為無顏見江東父老而結束自己的一生。自尊心如果太強，就應該主動改變一下。一個人做好自己就行，不要太在意外界對自己的看法，要相信自己，多一點自信、少一些自卑，不要給自己施加太多壓力。

從小事做起，從底層做起

有人曾說：「巨大的建築總是由一木、一石疊起來的，我們何妨不做做這一木一石呢？我時常做些零碎事，就是為此。」每個人都希望自己能夠取得巨大的成就，但是成功不是一蹴而就的事情，而是需要不斷的努力和累積，從小事做起，從底層做起，人生的地基才能打得牢。

有這樣一幅很有趣的對聯，上聯是：「做雜事、兼雜學、當雜家，雜七雜八尤有趣。」下聯是：「先爬行、後爬坡、再爬山，爬來爬去終登頂。」橫批是：「低調做人」。這副對聯道出了做人做事不僅要低調，還要從低處著手。就如古羅馬哲學家西劉斯所說：「要想達到最高處，必須從最低處開始。」從基層做起可以了解此行業的每個細節，可為日後的事業奠定基礎。

凡是能有所成就的人，無不都是從最低層做起。享譽世界的石油大王約翰・D・洛克菲勒則是從一名銷售員做起，銷售的工作讓他學到了很多知識。最終為他經營石油打下了基礎。美國另外一個較有影響力的大財閥，鋼鐵大王安德魯・卡內基則是從一個信差做起，每天走街串巷送電報的卡內基就像進了一所「商業學校」。他熟悉每一家公司的名稱和特點，了解各公司間的經濟關係及業務往來。日積月累之中，他熟讀了這無形的「商業百科全書」，這使他在日後的事業中獲益匪淺。因此，

第五章　不看高自己，也別低估別人

卡內基在回顧這段時期時，稱之為「爬上人生階梯的第一步」，這為他以後事業的成功奠定了基礎，最終成為了影響整個美國經濟的大財閥之一。

堪稱香港首富的李嘉誠則是從一名泡茶掃地的小學徒做起的，在那裡李嘉誠學會了察言觀色、見機行事。每天李嘉誠總是第一個到公司，最後一個離開公司，辛苦而困難的當了三年的小學徒，十七歲時李嘉誠在一家五金製造廠及塑膠袋製造公司當推銷員，開始了他的推銷生涯。走南闖北的推銷生涯，不僅初步形成了李嘉誠的商業頭腦，豐富了他的商業知識，而且也使李嘉誠結識了很多好朋友，學到了各種各樣的社會知識。同時，在推銷過程中，也使他學會了寬厚待人、誠實處世的做人哲學，為他日後事業的發展，打下了良好的基礎。

日本本田汽車的創始人本田宗一郎，為了實現製造汽車的夢想，他應聘到了一家汽車修理廠做了長達六年工作。這六年生涯使本田宗一郎掌握了全面的汽車修理技術。更為可貴的，本田宗一郎還培養了他的社會責任感，使他日後敢於率領企業承擔社會責任，為企業樹立了良好的企業形象，為本田汽車公司的發展奠定了良好的基礎。

尼采曾經說過：「一棵樹要想長得更高，接受更多的光明，那麼它的根就必須更深入黑暗。」人的成長也是如此，要想成就一番偉業就必須把心放在高處，把手放在低處，萬萬不可眼

高手低。很多剛剛畢業的大學生，自認為讀了不少聖賢書，在選擇工作方面未免有些眼高手低，薪水少的看不上，薪水高的則夠不著，畢業幾年了卻仍然是一事無成，像這樣的例子生活中並不少見。即使我們在大學的時候是天之驕子，但是畢業了就是社會的一員，在社會這個大熔爐裡，我們只相當於一粒芝麻，微不足道。如果不擺正自己的位置，終將一事無成。

人要現實點，要腳踏實地，一步一個腳印的向上攀岩，到達頂峰才更有把握。磨刀不誤砍柴工。從基礎做起雖然會辛苦、艱難一些，但卻是知識和經驗的累積過程，一步步的磨練及實踐，才能助你在穩中求勝，才能讓你身處高位時得心應手。所以與其身居高位如坐針氈還不如從基層做起，腳踏實地，走好每一步，這樣才會對全部過程瞭若指掌，為日後的領導工作打下堅實的基礎。

要面子要有分寸

「頭可斷，髮型不能亂；血可流，皮鞋不能不打油」。好面子是人的天性，人人都有虛榮心，希望自己比他人強。因此，為了有面子穿名牌、背名包，寧可當個月光族也不能丟臉，這是典型的死要面子活受罪的表現。

何為面子？面子就是一個人的尊嚴，一個人的面子，俗話說得好：「人活一張臉，樹要一張皮。」為了這張面子，我們跌

第五章　不看高自己，也別低估別人

跌撞撞的行走在人生路上，寧可受委屈也不能丟了面子。就像人們常說的，什麼都可以丟，就是不能丟面子！面子是每個人都渴望擁有的，有面子才能被別人看得起，吃得開，也正因為面子給我們帶來一些我們所渴望得到的東西，所以，很多人都會爭口氣，努力拚搏，使自己贏得成功，獲得別人的讚許和認可，為自己贏得面子，與此同時也滿足了自己的虛榮心。

心理學認為，自尊是一種精神需要，是人格的核心。就像包裝一樣，可以使不起眼的禮物華麗體面，身價倍增。維護自尊是人的天性使然，但是我們要分清楚「自尊」與「面子」的本質區別。每個人都需要用尊嚴來維持做人的顏面，但是我們不能為了面子去做一些自己能力範圍之外的事情，或者是對自己不利的事情，否則就是自欺欺人、作繭自縛。中庸之道講求凡事都要有個尺度，「面子」問題也一樣，否則最後苦的不是別人，而是自己。

好面子之事由來已久，《三國志》中講孫策就是「死要面子活受罪」，最終為了面子「反害了卿卿性命。」

孫策號稱「小霸王」，他不但像項羽一樣勇冠三軍、英勇善戰，連好面子這一點也很像，所以人稱「小霸王」。

孫策是古代標準的美男子，《三國志》曰其美資顏。孫策說話幽默、待人豁達、善於用人，見過他的人都願意跟著他，為他效勞。但是有一點就是太愛要面子。孫策勢力日益強大，常

有伐曹之心，吳郡太守許貢討好曹操，獻計對付孫策，孫策便想把許貢除掉。建安五年，曹操和袁紹兩軍相持於官渡，孫策就把許貢給殺了，許貢的小兒子和他的門客逃到了長江邊，對孫策懷恨在心。

一天孫策外出打獵，許貢的門客趁孫策打獵之際用箭射傷了孫策的臉頰。回家後，醫生給他上了些藥膏，並囑咐他不要生氣，修養些日子傷口很快就會好。但是孫策很注重自己的儀表，就偷偷照鏡子，滿臉的藥膏把他嚇壞了，鏡子中的自己實在是太醜了，於是就對左右的人大叫道：「面如此，尚可複建功立事乎？」結果把傷口崩裂了，流血不止，當天晚上就死了。「死要面子」的典故也因此而來。

面子固然重要，但是生命更重要。人要尊嚴就是要尊重自己的生命價值，要有面子是要活得更有價值，而不是為了滿足自己的虛榮心。虛榮心誰都有，但是也要把握輕重。

現在的人越來越愛講面子，面子的地位也越來越高。在日常生活中，諸如「給個面子」「有面子」「面子不小」「好大的面子」「別丟面子」「留點面子」之類的話語說的普遍，聽的經常。人人都講面子，穿得講究是為面子，開著名車是為面子，犯了錯誤、掩蓋事實也是為了面子，跌跌撞撞行走在人生路上的我們，活著一輩子就是為了一張老臉，還是面子。

面子上的事，有時會讓人很累，很辛苦。面子雖然貼在我

們臉上，像一層紙，薄薄的，但我們始終難捅破它，有時我
們會感到這一輩子都為面子而活著，有時候我們會感到面子給
我們帶來的沉重感覺，問題是我們無法擺脫面子，超然對待面
子，也做不到丟棄面子。

　　人生是美好的，生活是快樂的。何必要為了一個面子讓自
己活得那麼累。面子固然重要，但也許看清其利害關係，有些
面子該要，有些虛榮心作祟的面子就該捨棄，不要讓面子把自
己給害了。那些為了在友人面前賺足面子，沒錢也要窮擺闊的
人只能給自己增加越來越重的負擔，最後還會更丟臉。

擺對自己的位置，做好自己的事

　　松下幸之助曾說：「在你嚮往榮登會長的寶座之前，先問問
自己那個位置你是否坐得下？即便坐得下，恐怕還要問可能做
得久？這坐得下與坐得久與否，都是與平常自己的人有沒有做
好相關聯的。」不是什麼人都可做一把手，這主要取決於一個人
的綜合素養，與命運無關。當你只適合做好一名副手時，踏踏
實實的做好自己的本職工作同樣能做出好成績。如果覬覦主位
反而什麼也撈不著。

　　當一個人在一個公司待久了，總以為自己是元老級人物，
很了不起，尤其是那些與企業一起成長起來的人更是把自己當
成是個人物，不把他人放在眼裡，尤其是被自己的後輩領導，

更是不服。所以，被權力和欲望迷住雙眼的「元老」們，與「年輕」的主管往往是勢不兩立。古往今來多少權臣因為權力之爭而家破人亡。

鰲拜，滿洲鑲黃旗人，大清三朝元勳，康熙帝早年輔政大臣之一。以戰功封公爵。鰲拜前半生軍功赫赫，號稱「巴圖魯」，意即滿洲第一勇士，但在其後半生則操握權柄、結黨營私，結果被生擒之後，老死於囚牢中，是影響清初政局的一個重要人物。

鰲拜早年跟隨皇太極南征北戰，戰功赫赫，不但是一員驍勇戰將，而且也是皇太極的心腹。順治元年，即西元一六四四年，清軍入關，鰲拜率軍定燕京，征湖廣，為清王朝統一立下了汗馬功勞。順治三年（西元一六四六年），因除張獻忠，順治以首功超升其為二等功，受議政大臣，領侍衛內在（皇帝禁衛軍司令），擢領侍衛內大臣，累加少傅兼太子太傅，教習武進士。自此，鰲拜參議清廷大政。

順治帝駕崩後，八歲的愛新覺羅‧玄燁繼位。順治遺詔由索尼、遏必隆、蘇克薩哈、鰲拜四大臣輔政。當時鰲拜在四輔政大臣中地位最低，但因索尼年老多病，遏必隆生性庸懦，蘇克薩哈因曾是攝政王多爾袞舊屬，為其他輔政大臣所惡，因此鰲拜才得以擅權。

鰲拜早年忠於故主，始終不渝，是功臣也是忠臣。但在康

第五章 不看高自己，也別低估別人

熙初年輔政時期卻飛揚跋扈，把持朝政，頗多惡跡。他結黨營私，凡事即家定議，然後施行。索尼死後鰲拜更加肆無忌憚，為所欲為。雖然康熙已經親政，但鰲拜根本不把小皇帝放在眼裡，不想歸政於他。當時在康熙宮廷中的法國傳教士白晉記載說，在康熙十五六歲時，四位攝政王中最有勢力的鰲拜，把持了議政王大臣會議和六部的實權，任意行使康熙皇帝的權威，因此，任何人都沒有勇氣對他提出異議。鰲拜竟不顧康熙的意旨，先後殺死戶部尚書蘇納海、直隸總督朱昌祚、巡撫王登臨與輔政大臣蘇克薩哈等政敵。引起朝野驚恐，此時的鰲拜已經對康熙的皇權構成了嚴重威脅。

康熙決定剷除鰲拜，但是鰲拜的黨羽遍布朝廷內外，為了不打草驚蛇，康熙帝祕密挑選了一批身強力壯的親貴子弟，在宮內整日練習布庫（摔角）為戲。鰲拜見了，以為是小孩子的遊戲，不以為意。康熙八年（西元一六六九年）五月，康熙先將鰲拜的親信派往各地，離開京城，又令自己的親信掌握了京師的衛戍權，布好六連環計策，生擒鰲拜。康熙宣布鰲拜三十條罪狀，廷議當斬，但念鰲拜歷事三朝，效力有年，不忍加誅，僅命革職，籍沒拘禁，其黨羽或死或革。不久鰲拜死於禁所。

俗話說：「不在其位不謀其政。」一個人踏踏實實的做好自己的本職工作是最重要的。人要明白自己的身分及位置，是臣子就要盡一個臣子的責任。

　　不爭者勝天下，當一個配角一樣能有所成就。諸葛亮，集軍政大權於一身，但他對於伸手可得的皇位視而不見，忠於職守。在輔佐後主劉禪的十多年裡，他出將入相、南征北戰百折不撓直至殞身於五丈草原中。他位極人臣卻始終忠貞不二，鞠躬盡瘁死而後已，留得一世英名。

　　人往高處走，水往低處流。這是自然規律，但是高處不勝寒，要想在高處待得長久，就必須有比一般人強的能力，所以，要想爬得更高就得做好自己的工作，做好自己的位置，在你有能力勝任高處的職位時，機會自然會眷顧你。

可以有傲骨但不可有傲氣

　　古希臘哲學家芝諾曾這麼告訴他的學生：「大圓圈的面積是我的知識，小圓圈的面積是你們的知識。我的知識比你們多。這兩個圓圈的外面就是你們和我無知的部分。大圓圈的周長比小圓圈長，因此，我接觸的無知的範圍也比你們多。這就是我為什麼常常懷疑自己的原因。」正如盧梭所說：「偉大的人是絕不會濫用他們的優點的，他們看出他們超過別人的地方，並且意識到這一點，然而絕不會因此就不謙虛。他們的過人之處越多，他們越認識到他們的不足。」

　　沸水不響，響水不沸。知識越豐富，能力越強的人越是謙遜，為人也越豁達。相反的越是自卑、越是無能的人則越容易

第五章　不看高自己，也別低估別人

驕傲自滿。普列漢諾夫說：「謙虛的學生珍視真理，不關心對自己個人的頌揚；不謙虛的學生首先想到的是炫耀個人得到的讚譽，對真理漠不關心。思想史上載明，謙虛幾乎總是和學生的才能成正比例，不謙虛則成反比。」謙虛的人能得到更多，而驕傲的人則會失去很多。因為就在你驕傲自滿的那一刻你也停止了積極進取，停止進步就意味著逐漸落後，最終被淘汰。我們不能一有成績，就像皮球一樣，別人拍不得，輕輕一拍，就跳得老高。成績越大，越要謙虛謹慎。

做人要戒驕戒躁，謙虛謹慎。驕傲是做人的大忌，縱觀歷史，凡是驕傲自滿的都沒有好下場，驕傲自大是摧毀心智的利器，越是得意則越容易失意，謙虛才能虛懷若谷，才能成就大業。文王謙虛訪太公，最終成就了周朝八百年的基業。

殷紂暴虐，激起了各諸侯國的不滿，周文王以仁愛治國，想要推翻他解救受苦受難的百姓，急需網羅人才、招賢納士。姜太公想要得到周文王的重用，但自知已過半百之齡，很難讓自己被賞識，所以就有了「姜太公釣魚願者上鉤」這麼一說。

夏商周時期對「奇人」很尊敬，周文王聽說有個人用直鉤釣魚，不用魚餌還離水面三尺高，就認為這是一個不俗的人，於是就派一名官員去請他，太公沒有理睬他，於是文王就派自己的兒子去請他，可是太公依然不理會，文王這才意識到這是國之棟梁，必須親自去請，於是文王吃了三天素，沐浴更衣，帶

162

著厚禮，前往番溪去聘請太公。

　　太公見了文王並沒有直接跟著文王進京，而是給文王出了道難題。他問文王：「大王請我怎樣進京？」周文王說騎馬、坐轎任你挑，姜子牙說他一不騎馬、二不坐轎，他要坐文王的「輦」，還要文王親自拉，求賢若渴的周文王答應了他的要求。姜子牙坐輦，文王替他拉車。一個君王能做到這一步實在不容易。文王拉車拉得滿頭大汗，姜子牙卻在車裡打鼾，文王累得實在拉不動了就停了下來，只好對姜子牙說：「實在拉不動了。」姜子牙看到了周文王的真心誠意，就下輦說：「大王拉我走了八百七十三步，我保大王的子孫坐八百七十三年的天下。

　　姜太公輔佐周文王，修德振武，以興周邦。武王伐紂，太公為軍師；決戰牧野，滅商興周。成就了周朝八百年基業。

　　周文王謙恭得太公，滅商，得周氏天下，但歷史上又有多少英雄因為驕傲自滿、狂妄自大留下人生的敗筆。曹操是一代梟雄，但是因為驕傲自大，過於輕敵，在赤壁之戰中敗得一塌糊塗，再也沒能捲土重來，勢力僅限於北方。赤壁之戰前的曹操可謂雄心壯志，氣吞山河，本想完成統一大業，不料卻敗於占據軍事優勢的赤壁之戰中，令人嘆惜。

　　人要有傲骨但不可有傲氣，不能因為目前的一點小成就就自滿自得。《菜根譚》有說，凡是建功立業的人都是虛圓之士，那些驕傲自滿的人往往與成功無緣。驕傲的人之所以失敗並不

第五章　不看高自己，也別低估別人

是因為對手太強，而是自己狂妄自大、輕敵，因為自滿而止步不前。小成就雖然也可以安身立命，但是長江後浪推前浪，如果你繼續原地踏步，那麼你將會被社會的潮流拋到後面，後來之輩也會趕上你，所以你有可能被淘汰。如果謙虛一點，你就會發現其實比自己能力強的數不勝數，自己與他們相比好比芝麻和綠豆，對自己有了清醒的認識，你才會有意識提高和充實自己，才能向更高的高峰攀登。

第六章

「糊塗」人，不糊塗

不要把什麼都看得太明白

睜一隻眼，閉一隻眼，是一種處世態度；睜一隻眼閉一隻眼，是人生的一種境界；睜一隻眼，閉一隻眼，是一種大家氣度；睜一隻眼，閉一隻眼，是一種寬容的處世之道；睜一隻眼閉一隻眼更是一種做人的智慧。

面對這個紛繁複雜的社會，有些事情我們要睜著眼，看到眼裡，記在心裡，有些事情我們則須閉一隻眼。我們睜眼看世界，將一切盡收眼底；我們閉著一隻眼，要當某些事物不存在，某些事情沒發生，裝糊塗。不管是做人還是做事，眼光都要放得長遠些，心中有大目標的人不會把眼睛放在細枝末節上，而是著眼大方向，為全域負責。

楚莊王是春秋戰國時期「春秋五霸」之一，是楚國最有成就的君主。楚莊王之前，楚國一直被排除在「中原文化」之外。楚莊王稱霸中原，不僅使楚國強大，威名遠揚，也為華夏的統一，民族精神的形成發揮了巨大的作用。

一次，楚莊王賞賜群臣喝酒，他的寵姬作陪。日暮時分把燭酣暢，不料燭火被風給吹滅了。有一個臣子，垂涎莊王寵姬的美貌，加上酒喝得有點多，難於自控，借燭滅之機，抓住了寵姬的衣服，智慧和美貌並具的寵姬臨危不亂，定了定神並順勢扯斷了那人帽子上的帽纓，並在私下對莊王說查明此事，

嚴懲此人。調戲君王的寵妃，就是冒犯君王，當著君王的面調戲王妃，罪過就更大了，是會殺頭的。但是楚莊王並沒有這麼做，反而讓群臣盡興的喝酒，並說，「今天如果誰沒有扯斷帽纓就說明誰不夠盡興。」於是一百多名大臣紛紛扯斷了帽子上的帽纓。等大臣們陸陸續續把帽纓都給摘掉了，楚莊王才讓重新點上燈燭，重開歡宴。

三年後，楚國和晉國爆發爭霸大戰。有一位楚國將領奮不顧身，總是衝在最前線，無畏的殺敵，最後打退了敵人，取得了勝利。楚莊王感到很奇怪，就問他：「我平時並沒有特殊優待你，你為什麼如此捨生忘死為我而戰？」將軍回答說：「大王您還記得三年前的宴會嗎？我就是那個被扯斷帽纓的人。大王當時不殺我，我就決心誓死效忠大王，報答厚恩了。」

楚莊王在寵姬被非禮的這件事上睜一隻眼閉一隻眼，不僅維護了那個人的尊嚴，而且還留下了一位將才，為自己保住了天下。在楚莊王的眼裡，國家是第一位的，他不願因為一個女人而讓國家失去一名將才，儘管是自己最喜愛的妃子。要知道，在那個時代，女人的名節是很重要的，即使只是拽了下衣服，也是很大的冒犯，有被殺頭的危險。

有時，把一切看得明明白白，表現得太精明，並不一定是好事。要知道，認真過了頭，在外人看來就是裝傻，還容易碰釘子，為他人所不容。所以，裝裝糊塗，凡事不那麼較真，反

而對事情有利，否則只會埋下禍根。

　　唐代明相魏徵，以性格剛直、才識超卓、敢於犯顏直諫著稱。為了維護和鞏固李唐王朝的封建統治，曾先後陳諫兩百多次，勸戒唐太宗以歷史的教訓為鑒，勵精圖治，任賢納諫。是歷史上最負盛名的諫臣。他與唐太宗的君臣之情在歷史上被人們廣為傳誦。可是，在魏徵死後，唐太宗卻砸掉了魏徵的墓碑。

　　太宗對魏徵是既愛又恨。每次進諫，基本上都會觸犯龍顏，激怒太宗。也因為這樣得罪了不少人。貞觀元年（西元六二七年），魏徵被升任尚書左丞。這時，有人告他私自提拔親戚作官。唐太宗立即派御史大夫溫彥博調查此事。結果，查無證據，純屬誣告。但唐太宗仍派人轉告魏徵說：「今後要遠避嫌疑，不要再惹出這樣的麻煩。」

　　貞觀四年，東突厥被滅，西北各民族尊稱太宗為天可汗，唐太宗成為了天下共主，唐朝經濟也大為好轉，因此，唐太宗有了一些驕傲的情緒，不太聽得進勸諫了。一次，唐太宗氣憤的對長孫皇后說：「一定要殺掉魏徵這個鄉巴佬，一泄我心頭之恨！」貞觀十一年和貞觀十二年魏徵分別上奏了著名的《諫太宗十思疏》和《十漸不克終疏》，在《十漸不克終疏》中，魏徵列舉了唐太宗執政初到當前為政態度的十個變化，這使太宗很不高興，為後來清算魏徵埋下了種子。

　　西元六四三年，魏徵病死。唐太宗很難過，不僅給以優厚

待遇，還親自去魏徵家弔唁，並且說魏徵是他的一面鏡子，如今失去了。

魏徵曾經向唐太宗祕密推薦當時的中書侍郎杜正倫和吏部尚書侯君集，說他們有當宰相的才能。可是在魏徵死後，杜正倫因為負罪被罷免，侯君集因參與謀反而被斬首。李世民開始懷疑魏徵在朝廷有因私營黨的嫌疑。

後來，唐太宗又得知消息：魏徵曾將自己記錄的與太宗一問一答的諫諍言辭拿給負責編寫起居錄的褚遂良作參考，唐太宗懷疑魏徵故意博取清正的名聲，心裡很不高興。之前唐太宗已經同意把衡山公主許配給魏徵長子魏叔玉，這時也後悔了，下旨解除婚約。到後來他越想越惱火，竟然親自砸掉了魏徵的墓碑。

沒有人喜歡聽別人說教，更何況是皇帝，魏徵就是因為過於認真才使得與太宗的關係親疏不定。在現代社會也一樣，不要恪守原則，過於認真，以免樹敵太多。心直口快的人，總是會在不經意間傷害到別人，也傷害了自己，所以，做人要睜一隻眼，閉一隻眼，在不觸犯道德底線的前提下，糊塗一些。

在這個瞬息萬變的世界裡，我們需要以開闊的心胸去接納世間的美醜，同樣也需要以寬廣的胸懷，去看待每個人。

處事讓一步為寬，待人寬一步為福

寬容是人生的一種智慧，是建立人與人之間良好關係的法寶。一個擁有寬容美德的人，能夠對那些在意見、習慣和信仰方面與你不同的人表示友好和接受。寬容不僅對你的個人生活具有很大的價值，而且對你的事業有重要的推動意義。一個人經歷一次寬容，就可能會打開一扇通向成功的大門。借助寬容的力量，你可以實現自己偉大的夢想，成就自己的事業。

人的一生總會與別人產生矛盾，發生摩擦。而做人則應該心胸寬廣一些，為人要豁達，盡量的避免與他人爭執，因為這樣只會讓你們的關係惡化，退讓一步對你而言並無什麼損失。不能總是揪住別人的小辮子不放，得理不饒人，這樣，即使你取得了「勝利」，也未必能服眾，或許你日後的「麻煩」會更多。

王某遠離家鄉到外地打工，晚上經常與同事打撲克牌小聚。一天，王某照常約了李某等人到宿舍玩牌，同事程某則在李某後面觀牌，給李某當軍師，指導李某打牌。輸了點錢的王某，窩了一團火，高聲指責程某不要太多話，而程某又覺得丟了面子，回應了幾句，雙方由爭執轉為扭打，後被在場的其他同事拉開。

王某發現自己的右手臂被劃了一道血痕，便揚言要砍死程某，後來透過王某老鄉的調解，程某答應第二天買菸向王某

賠禮道歉。第二天中午，王某向程某索要香菸，程某給了王某一條香菸，王某嫌一條香菸太少，至少得兩條，可程某不願再買。於是王某朝程某踹了一腳，在廝打的過程中，王某掏出水果刀，朝程某亂刺，致其受傷。

王某因故意傷害罪被判有期徒刑一年。

大多數人，一旦陷入爭鬥的漩渦，就會失控，為了面子、為了利益，要給自己討個說法。一旦得了理更要將別人逼入死胡同，把自己也逼入死角，最後弄得兩敗俱傷。與人相處，總會有矛盾，但「狹路相逢勇者勝」並不是至理名言。冤家宜解不宜結，問題解決了就要給對方一個臺階下，否則對方記了你的仇，將來還會給你氣受。

無論在什麼情況下，也不要把別人推向絕路，萬不可逼人於死地，迫使對方做出極端的反抗，這樣一來，事情的結果對彼此都沒有好處。給別人留餘地也是給自己留餘地，讓自己行不至絕境，言不至於極端，有進有退，以便日後更能機動靈活的處理事務，解決複雜多變的問題。

韓琦是北宋的名相，先後輔佐仁宗、英宗、神宗三朝，曾與范仲淹一道推行「慶曆新政」。韓琦性情深厚淳樸、心胸寬廣、氣量過人，人們尊稱他為韓公。

他常說：「欲成大節不免小忍」。韓琦率軍在定州時，工作繁忙，常常需要秉燭夜戰。一天晚上韓琦寫信，讓一名士兵

第六章 「糊塗」人，不糊塗

拿蠟燭給他照明，士兵打瞌睡，一不留神蠟燭燒著了韓琦的鬍子，韓琦用袖子把火弄滅後繼續寫信，不一會韓琦回頭時發現拿蠟燭的士兵被換了，韓琦擔心士兵的長官懲罰那名士兵，就趕緊把主管叫來說：「不要換掉他，因為他已經懂得怎麼拿蠟燭了。」軍中的官兵們都很佩服韓琦的度量。

在韓琦駐守大名府時，他的一個親戚獻給他一對玉杯，這對玉杯沒有一點瑕疵，是絕世極品。韓琦賞給獻杯子的人很多銀子答謝他。韓琦非常喜歡這對杯子，每次宴請客人他都要特別吩咐擺一張桌子，上鋪錦緞，把玉杯放在上面。

有一次韓琦打開好酒，招待管理漕運的官吏，兩隻玉杯照舊放在鋪著錦緞的桌上，準備裝酒招待客人。突然一位小吏不小心撞倒了桌子，兩隻玉杯都摔碎了。所有的官員都驚呆了，那個把杯子碰掉的小吏更是嚇傻了，等著發落。韓琦卻很從容，笑著對客人們說：「東西總有它破損的時候。」然後轉身對那個小吏說：「你是不小心撞到了桌子，不是故意的，又有什麼罪？」韓琦待人就是這樣的寬容、大度。客人們都對韓琦寬厚的德行和度量佩服不已。

韓琦位高權重，卻不為小事斤斤計較，卻又一直能立於不敗之地。「人情反覆，世路崎嶇。行去不遠，須知退一步之法，行得去遠，務知讓三分之功。」這樣做，既是為他人著想，又能為自己留條後路，看似糊塗，實是大精明。遇事窮追不捨，於

人於己都沒有好處。處事讓一步為寬，待人寬一步為福。善待你生活中的每一個人，他們也同樣會善待你。

寬容是一種胸襟，而胸襟則是一種視野問題，如果能把眼光放得長遠，那麼你就會對現實中的是非善惡有個較深刻的了解；如果你胸懷大志，那麼你就應該把目光放得長遠一些，而不是把寶貴時間花在雞毛蒜皮的小事上。冤冤相報何時了，得饒人處且饒人。這是一種寬容，一種博大的胸懷，一種不拘小節的瀟灑，一種偉大的仁慈。

寬容是豁達，是超脫，是對自我精神的解放，是一種自信。心胸寬廣的人不拘小節，不會輕易的去否定一個人，更不會打擊報復。但是寬容並不意味著忍讓，也並不是姑息縱容。寬容意味理解和通融，是融合人際關係的催化劑，是友誼之橋的黏著劑。寬容還能將敵意化解為友誼。所以對別人的過失，必要的指責無可厚非，但能以博大的胸懷去寬容別人，就會讓世界變得更精彩，以寬容之心度他人之過，也能為你自己造福。

人在難處時，拉他一把

人情投資最忌近利。近利就如同是人情買賣，就是一種變相的賄賂。沒有人願意做工具人，任憑你利用。如果想落得一個好人緣，就要常往冷廟燒香，而不是臨時抱佛腳。贏得好人緣要有長遠的眼光，要在別人遇到困難時，主動提供幫助，而

第六章　「糊塗」人，不糊塗

不計回報，這樣在你困難時，別人也會來幫助你。

雪中送炭勝過錦上添花。清代紅頂商人胡雪巖能從一個錢莊夥計一躍成為鉅賈，與他善於雪中送炭，交落難英雄，有很大的關係。

胡雪巖，頗具傳奇色彩的清代紅頂商人，憑藉其超凡的能力，在商業史上寫下了燦爛的一筆。

胡雪巖自幼父死家貧，為了維持生計，很小的時候就在錢莊裡當學徒，從掃地、倒尿壺等雜事做起。因為聰明、勤勞、踏實、又能言善辯，出手又大方，人緣極好。在三年師滿後成為了錢莊正式的夥計，是錢莊的得力助手。有一次他被東家派去收帳，也就是這時候他結識了落魄潦倒的王有齡。他料定王有齡將來會飛黃騰達，便將錢莊收回來的五百兩銀子借給了王有齡，讓他去京城考取功名。胡雪巖因此失去了工作。王有齡在天津遇到故交侍郎何桂清，經其推薦到浙江巡撫門下，當了糧臺總辦。王有齡發跡後並未忘記當年胡雪巖的知遇之恩，聽說他因為借錢使自己丟了工作，深受感動，二人結為生死兄弟。

在王有齡赴任之前，有一位二品大員因耽誤了漕米而自殺。胡雪巖就以他的聰明才智，為新上任的王有齡設計了「以商米代漕米，確保浙糧京運」的計策。胡雪巖親自到上海，結交了漕幫首領，順利完成了任務，使王有齡官聲大振，很快升為湖州知府。胡雪巖利用王有齡在官場的勢力，開設了自己的

錢莊，號為「阜康」。並以白銀鋪道，打通了撫臺、藩臺、糧臺及手下的所有關係。在短短半年的時間內，他經手的款數已達五十多萬兩白銀。在這期間，他還與漕幫首領合作，做絲綢生意，他利用資金上的優勢，聯絡各地大絲商，大量收購蠶絲，胡雪巖本人占有整個絲織業股份的百分之七十以上，壟斷了上海的絲織業，形成了與洋人相抗衡的局面，這種局面持續了二十年之久。

胡雪巖可以迅速倔起，除了得益於王有齡之外，另一個人也達到了重要的作用，這個人就是左宗棠。

西元一八六二年，王有齡與太平軍作戰，因喪失城池而自縊身亡。經曾國藩保薦，左宗棠繼任浙江巡撫一職。左宗棠所部在安徽時，晌糧已欠近五個月，大多士兵不是戰死就是被餓死。這次進兵浙江，糧食問題令左宗棠十分苦惱。急於尋找到新靠山的胡雪巖又緊緊的抓住了這次機會。他在戰爭環境下，在三天之內籌齊了十萬石糧食，這在當時是幾乎不可能完成的任務，他出色的表現得到了左宗棠的賞識並被委以重任。在深得左宗棠信任後，胡雪巖常以亦官亦商的身分往來於寧波、上海等洋人聚集的通商口岸，還結交了洋買辦古應春做軍火生意，經營洋槍洋炮及先進的機械設備。他在經辦糧臺轉運、接濟軍需物資之餘，還緊緊抓住了與外國人交往的機會，聯合外國軍官，為左宗棠訓練了全部用洋槍洋炮裝備的「常捷軍」

千餘人。

經過幾年的努力，胡雪巖已在江浙滬形成了自己的商業規模，還在杭州開了一家與北京同仁堂藥店相媲美的“胡慶餘堂”藥店。至此，胡雪巖從一名錢莊學徒成為了操縱浙江經濟命脈的鉅賈。

胡雪巖慧眼識英雄，在王有齡最困難的時候幫助了他，助他考取了功名，不僅獲得了友誼，也為自己以後的發展鋪平了道路；胡雪巖在左宗棠最需要幫助的時候又助他解了燃眉之急，給左宗棠留下了深刻的印象，這比那些平常巴結人的招數有用得多。胡雪巖的發家離不開他的落難貴人。

人在難處時你拉人一把，要比平時的好上加好有用得多。在別人困難的時候你幫人一把，表明你尊重他，就是他人的恩人，在你需要幫助時，他則會真心實意的盡自己最大的努力來幫助你；而在平常錦上添花，則是有求於人的表現，就相當於是一個討債的債主，就算他願意幫你忙，也是在履行義務，並不是出於真心。

利益面前不要昏了頭

自古以來，貪婪惹禍的例子並不少見，在金錢與利益上，人們很難克制住自己，從而淪為金錢的奴隸。貪婪的人往往把金錢的功能擴大化，將有「錢」能使鬼推磨推崇為至理名言，在

追名逐利的過程中只見小利而不見大害，結果卻是因小失大，占小便宜吃大虧。

春秋戰國時期，秦國的勢力一天天強大，但秦穆公不滿足於自己的勢力範圍，想進一步擴張領土。

秦國駐鄭國的大使杞子，了解秦穆公想要擴張版圖的心思，就派人回國向秦穆公報告自己掌管著鄭國都城北門的鑰匙，如果祕密派兵來鄭，就可以得到鄭國。秦穆公知道後非常高興，但是在向大夫蹇叔徵詢意見時卻沒有得到支援。大夫蹇叔勸諫秦穆公說：「鄭國雖小，但遠在千里之外，很容易走漏風聲，很難取勝，如果失敗了會損失慘重。」秦穆公急於擴張領土根本聽不進勸諫，最後還是派兵東征。秦穆公的固執己見令蹇叔非常擔憂。

果然不出蹇叔所料，在秦軍出發後不久，鄭國便得到了消息，將交通要道用亂木堵死了，就在秦兵搬木頭之際，鄭國埋伏的軍隊從四周包抄過來。秦軍前有圍堵後有追兵，進退兩難。頃刻間，秦軍或被俘、或被殺，其將領全部被俘，全軍覆沒。

秦穆公因貪圖眼前的利益，只見利益不見大害，連勸諫也聽不進去，最終落得慘敗。擴張領土對於國家的強大發展是有好處的，但是在利益面前，我們應保持一個清醒的頭腦，權衡得失，不能像秦穆公一樣只看得見眼前的利益，而不考慮事後

的後果。

貪婪惹禍端的事列並不少見，在我們現實生活中也一樣，多少官員因為無法控制自己的貪欲而一步步走向腐敗，讓一輩子打拼的事業也劃上了休止符，落得人財兩空。貪小便宜吃大虧的道理大家都懂，但是真正能自律的卻並不多，人們都喜歡占便宜而不喜歡吃虧，認為占了便宜有成就感，但是卻不知道不貪小利成就會更大。

魏晉南北朝時期，有個叫孟信的官員，為官清廉，待人寬厚仁慈，從不接受「賄賂」，即使有人送禮給他，他也是雙倍奉還，因此他深受百姓愛戴。

有一次，有一位老人為了感謝他給他送來了一些酒和肉。孟信很高興的接待了他，還噓寒問暖。吃飯的時候，孟信卻拿出了自己的酒，並讓人端來了下酒菜。孟信對老人說：「我來貴郡任職，從無任何人送禮給我，只有您給我送來了這些禮物。我很久只吃素不沾葷了，如今我為了收下您老人家這份深情厚意，就收下您送來的一點肉吧。但酒我這裡有，就不勞您破費了。」老人聽後十分高興，又向孟信拜了一次，拿出帶來的肉獻給孟信，帶著自己的酒離開了。他的清廉簡樸也在鄉間傳開了，人們都很尊敬他。

孟信不喜歡官場，所以後來就辭官回家了，因為他為官清廉，還常常自己掏腰包，所以沒有什麼積蓄，日子過得十分的

清苦。家裡什麼都沒有，僅有一頭耕作的病牛。為了生活孟信就到外地經商了。在他經商期間，為生活所迫，他的妻子讓他的兒子拉著那頭牛到市場上去賣。因為去市場之前，這頭病牛被好好的餵養了幾天，精神狀態不錯，所以賣了個好價錢。他的兒子用這些錢買了一些糧食。

　　孟信經商賺了些錢回來，本想買一些糧食，但回來卻發現那頭病牛不見了。在被告知牛被賣了之後，孟信很生氣，讓兒子把錢還給人家，把牛牽回來。兒子說錢都買了糧食，孟信於是就把自己做生意的錢拿出來，讓兒子帶著他去把那頭病牛牽回來。孟信登門道歉，告知買牛的人病牛的事情，把賣牛所得的錢連同這些天的料料錢一併交給了買牛的人。買了牛的人被孟信的誠信所感動，逢人便說孟信講誠信，還請來了獸醫幫孟信治好了病牛。後來，孟信的名聲越來越大，生意做得也越來越大了。

　　孟信深知貪小利的利與弊，所以寧可清貧度日也不願占一點便宜，為官的時候清廉，做回百姓了則講誠信。他的誠信為他贏來了好的聲響，為他經商打開了門路，一步一步走向成功。所以不要處處想著占便宜，有時候寧可自己損失點也不能虧了人家，這才是正確的為人之道，才能建立良好的人際關係，才能創造更多的財富。

第六章 「糊塗」人，不糊塗

無可奈何時，忍一下

提起隱忍成大業就不得不讓人想起「不鳴則已，一鳴驚人」的楚莊王，他與齊桓公、晉文公、秦穆公、宋襄公並稱為春秋五霸。

楚莊王在其「一鳴驚人」之前曾經三年不鳴。

西元前六一四年，楚穆王死，嫡長子楚莊王即位。這時的楚國政局不穩，處於不安定狀態之中，西元前八一一年，楚國又發生飢荒，巴國東部的山戎族趁機襲擾楚國西南邊境，曾經一直臣服於楚國的附屬國也發動各部落造反，不久前才被楚國征服的麇國人也帶領各夷族部落在選地集結，準備進攻郢都。短短三年間，各地的告急文書雪片般飛往郢都，各城各地都開始戒嚴，到處彌漫著不安定因素。天災人禍使得楚國幾陷崩潰。但此時的楚莊王，卻一如既往的躲在深宮之中享樂，不理政務。每當大臣們進宮彙報國事，他總是不耐煩的回絕，任憑大臣們自己處理。還在宮門口掛起大牌子，上邊寫著：「進諫者，殺毋赦！」不久，朝野上下都拿他當昏君看待。

看到國家危在旦夕，大夫伍參憂心如焚，再也忍不下去了，就冒死去見莊王。楚莊王手中端著酒杯，口中嚼著鹿肉，左擁右抱的在觀賞歌舞。見伍參進來，半眜著眼問道：「你沒有看見宮門前的字牌嗎，敢無視我的命令？」伍參抑制住慌張，賠

180

笑道：「我哪裡敢無視大王的命令，只是有人讓我猜一個謎語，我怎麼也猜不出，知道大王聰慧，請大王猜一猜，也好給大王助興。」楚莊王一面喝酒，一邊問：「什麼謎語，這麼難猜？你說說！」伍舉說：「謎語是『楚京有大鳥，棲上在朝堂，歷時三年整，不鳴亦不翔。令人好難解，到底為哪樁？』您請猜猜，不鳴也不翔。這究竟是只什麼鳥？」楚莊王聽了，心中明白伍舉的意思，笑著說：「我猜著了。這可不是普通的鳥。這鳥啊，三年不飛，一飛沖天；三年不鳴，一鳴驚人。你等著瞧吧。」伍舉明白了楚莊王的意思，知道莊王心中有數，非常高興，便趁機說：「還是大王見識高，一猜就中，只是此鳥不飛不鳴，恐怕獵人會射暗箭。」莊王聽後身子一震，隨即就叫伍參下去。伍參回去後就跟大夫蘇從商量，認為莊王不久即可覺悟。

　　但是，幾個月過去了，楚莊王還是一如既往的花天酒地。蘇從忍無可忍，就闖進宮對莊王說：「大王身為楚國國君，即位三年，不問朝政，如此下去，恐怕會像桀紂一樣招致亡國滅身之禍！」莊王一聽立刻將劍指向蘇從：「你竟敢侮辱本王！」蘇從卻從容答道「我死了還能落個忠臣的美名，大王卻落個暴君之名。如果我死能使大王振作起來，能使楚國強盛，我甘願就死！」說完，面不改色，等待莊王處置。不料，莊王竟扔下長劍，抱住蘇從，激動的說：「好啊，蘇大夫，你正是我多年尋覓的社稷棟梁之臣！」便與蘇從暢談國事。蘇從發現，莊王雖不問

第六章 「糊塗」人，不糊塗

國事，但卻對一切瞭若指掌。

此後，莊王重用伍參、蘇從等賢臣，開始專心國事，最後稱霸中原，成為了楚國最有成就的君王。

楚莊「三年不鳴」是因為他採用的是「隱忍」的戰術，這三年他韜光養晦，等待時機。他即位時對朝中大事不是很明瞭，而且大權旁落，如果他一上任就燒三把火，必然會讓自己陷於被動，所以面對「不安定」他只能忍耐，在明處以昏庸打掩護，暗處則不忘國事，為了尋找左右手他在無奈下下了一道「進諫者死」的命令。楚莊王利用三年時間，弄清了朝中大臣的真實心理和才幹，也鍛鍊了自己，成長了才幹，為以後成就霸業奠定了基礎。

人的一生難免會遇到一些令人無可奈何的事情，「忍耐」不失為最好的退路。在人類歷史上凡是成就了一番偉業的人，都是能屈能伸的忍耐者。韓信胯下忍辱，司馬遷宮刑著《史記》，張良拾鞋等等。「小不忍則亂大謀。」面對生活中的諸多不順，為了能夠更好的進攻，只有採取忍耐克制的態度對待所遭遇的困難。愛因斯坦認為自己與他人最明顯的區別就是能把散落在草垛裡的針全部找到，這需要的就是耐心。忍耐的人生有時不免要甘於寂寞，而成功者正是在此種忍耐寂寞的跋涉中走出了平凡的世界，讓自己最終接近於不平凡的世界。

有人說「不食嗟來之食」是有骨氣、有自尊的表現，固然這

種精神令人折服，但是如果忍一時之氣，來日方長，能屈能伸不是更令人佩服，令人景仰嗎？

所以，無論是在工作中還是感情上我們都應該做到來日方長，要學會能屈能伸，剛柔並濟，以一個廣闊的胸襟來適應這個社會。特別是自己在處於弱勢的時候，應該懂得用示弱的辦法進行自保，以退求進，以屈求伸，這才是真正的大智慧。

懂得說「不」，免煩惱

拒絕是一門藝術，是交際生活中的一個重要環節。在生活中，學會說「不」會為你免去一些不必要的麻煩，減輕一些心理壓力及負擔，還可以變被動為主動。學會說「不」既能避免尷尬還能享受友情的溫暖，當你懂得如何拒絕他人時，你會發現生活是那麼的輕鬆。

在生活中，每個人都會有自己不想做或者是不願意做的事情，但有些事情又不便直接拒絕。因為在生活中我們需要與他人打交道，也會有求於人，如果拒絕不好難免會使雙方尷尬，影響雙方感情。即使你性子再直，也要給自己及對方一點餘地，不管對方是善意的還是別有用心。所以拒絕也是一門藝術，懂得如何拒絕，你會在一些問題上把握好分寸，不至於讓自己陷入兩難境地。

不會拒絕是心理脆弱的表現。往往有這樣一些人，心裡本

來想對某個人或是某件事說「不」，但是因為自己考慮的「太周全」擔心拒絕了會讓對方不高興，會傷害到對方，所以委曲求全就硬生生的把這個「不」字給咽了下去，後來卻後悔為什麼當時沒有拒絕。

心理專家認為，不會拒絕別人已經成了一部分人在人際社交中的習慣，他們想做一位廣受好評的「好人」，總是過多為別人著想，忽視自己的利益。但是一味的忍讓與付出只會讓你變成一個濫好人，而不是「高尚」之人。人與人之間的交往需要平衡，如果總是為他人服務，時間長了自己的心裡也會不平衡，進而會產生挫敗感，後果就是不願與他人接觸，使得交際圈越來越小。

每個人的能力以及精力都是有限的，所以人應當學會拒絕，但拒絕是一門藝術也是一門技術，更是量力而行的表現。許多人不好意思拒絕別人，總是認為這次拒絕了朋友，下次自己有事就不好向朋友開口了。同時，他們過度在意別人對自己的評價，總想給朋友留下最好的印象。人與人之間的交往是平等的，是相互依存、互惠互利的，在對自己力不能及的事情上說「不」是必要的。人要學會自我保護，維護自己的正當權益。如果不會拒絕而一味的充當濫好人，只會越幫越亂，費力不討好，所以，該拒絕的時候就要堅決的說「不」。

拒絕的策略很重要，這就是為什麼有的拒絕會讓雙方都不

快，而有些不僅能很好的拒絕對方，而且還能得到他人的欣賞。

朱元璋當了皇帝後對幫自己打天下的諸多功臣存有極其強烈的戒心。很多功臣都因功高蓋主而被懲辦，但是徐達因跟隨朱元璋多年，對他很了解，所以在朱元璋當了皇帝以後，處事本來就很謹慎的徐達，更是謙恭。

徐達生活節儉，為人低調，平時就住在一個低溼狹小的房子裡。朱元璋論功行賞，說徐達的功勞大但是還沒有一個好的住所，所以幾次要賜給他一處好宅子都被拒絕了。一次朱元璋要把自己當吳王時所住的舊宅賜給徐達，但被徐達婉言拒絕了。一日，朱元璋去了徐達的府上，把徐達灌醉後抬到了朱元璋的舊宅，讓他睡在主臥，徐達醒後趕緊下跪，大呼死罪，朱元璋見狀，心裡很高興。更加信任徐達了。

拒絕他人是件很難的事情。你可能不會有心的去傷害別人，但你不能保證別人不會在有意無意之中傷害了你。所以，當對方邀請你做任何一件事情或送你一樣禮物的時候，要考慮人家為什麼邀請你、送你。特別是對於手中掌握著一定的權力的人來說，更要搞清楚狀況。也正因為此，我們更要學會拒絕。學會拒絕，不是要我們去刻意拒別人於千里之外，而是為了更好的保護自己。

拒絕要乾脆，避免拖拖拉拉、猶豫不決，更不要模稜兩可、拐彎抹角。不要使用讓對方還抱有一線希望的言辭，否

第六章 「糊塗」人，不糊塗

則，對方會誤以為你已經答應下來，反而誤事。簡而言之，拒
絕要及時、果斷、明確，避免不必要的誤解。另外，說話的語
氣要委婉、巧妙。一個輕鬆幽默的拒絕，往往可以緩和對方的
抗拒感，更容易讓人接受。

富蘭克林·羅斯福在任總統之前曾在海軍部門工作。一
次，他的一位好友向他打聽海軍在加勒比海的一個小島上建立
潛艇基地的計畫。羅斯福神祕的向四周望了望然後壓低聲音說：
「你能保守祕密嗎？」「當然能。」朋友答道。羅斯福微笑的看著
朋友說：「那麼，我也能。」

羅斯福用幽默的方法拒絕了朋友的要求，保持了堅守祕密
的原則，也沒有讓朋友陷入尷尬。

拒絕是一門藝術，拒絕的最高境界是讓你和對方都不至於
陷入尷尬境地，只要運用好這門藝術，拒絕就不會把你的朋友
推向你的對立面，反而會使你贏得更多的尊重，更多的朋友。

犯錯是最好的學習方法

在成長的路上，難免會犯錯，錯誤並不可怕，可怕的是不
犯錯誤。知錯能改，才能尋求進步，如果不犯錯誤則永遠都會
處在同一個水平線上。但是，如果犯了錯誤不懂得承認還一味
的遮掩，導致一錯再錯，這樣則更不可取。積小成大，錯誤只
會越犯越大。

「人非生而知之者，孰能無過，過而改之，善莫大焉。」這是先人總結出的人生哲理。人的一生就活在不斷的犯錯與改錯上，關鍵是要善於從錯誤中汲取寶貴的經驗，若總是為錯誤找藉口，那麼你的一生只能平庸的度過，成功只會離你越來越遠。對一個有既定的人生目標，渴望成功的人來說，正確對待自己的過錯，並且能知錯就改，是助其前進的錦囊之一。

錯誤不分等級也不分貧賤，上到帝王，下到百姓誰都有可能會犯錯。承認錯誤並改正才能讓自己擺脫窘境。唐太宗李世民之所以能夠成為一代明君，就是因為他敢於面對自己的錯誤，並且知錯就改。

一次，唐太宗為了了解是否有貪官汙吏，在私底下叫自己的心腹拿著國庫券去試探，有一名官吏不知這是太宗在試探人，就接受了。結果太宗立馬把他抓了起來，要以貪汙的罪名處死。

大臣裴巨就對太宗說，這種考察方法不義，本來就是太宗送的禮，現在卻要把人抓起來處置，是陷人於法，設計害人，不合情理。這樣下來還能有誰敢上朝做官呢？太宗聽後知道自己錯了，無言以對，於是就召集文武大臣承認自己的錯誤。

唐太宗能知錯就改，讓臣民們對他更加敬重，不僅安撫了民心還提升了自己的威信。此後貪官汙吏也自然少了。

承認錯誤需要勇氣，不是每個人都能正視自己的錯誤，這

第六章 「糊塗」人，不糊塗

是人性的弱點之一。人們都不願意承認自己犯了錯，也不願承認自己不如他人，害怕在他人面前丟臉，所以一再的遮掩，這是愚者的表現。錯了就是錯了，沒有什麼大礙，但是不承認則會讓別人看輕你，到水落石出的那天你丟的不僅僅是一份面子，而是你的信譽。

一九八六年的「伊朗門事件」曝光後，媒體揭露了美國總統雷根的代表曾經祕密向伊朗伊斯蘭教什葉派領袖何梅尼出售武器。雷根的第一反應就是否定，並一再的遮掩，含混其詞。之後又把責任推到了他的國家安全助理頭上，接著又把責任推給了白宮辦公廳主任唐納德·T·里甘。

雷根的做法直接導致了其信譽的下降，他慘遭媒體數月的圍攻，並最終導致了國會調查。四個月後民意顯示他的支援率降低了二十個百分點，到了這時候，他才承認了錯誤。

為了推卸責任，雷根總統為自己挖下了一個陷阱，真相被一點一點揭開，雷根總統的信譽也一直在下降。喜歡為自己辯解，為自己開脫是人性使然，是人自私、膽怯的表現，這種文過飾非的態度常會使一個人在人生的航道上越偏越遠。

人要想獲得更多的支持以及更廣闊的發展空間，面對錯誤要誠實、勇敢並且真誠的承認，就像泰戈爾說的「你把所有的錯誤都關在門外，那麼真理也就被你拒絕了。」一再的掩飾錯誤，為自己辯解不如早些認錯，為自己辯護只能讓你陷入孤立

188

的狀態之中。凡是大智者總能及時改過自己的錯誤，贏得更多人的信任和支持，愚者才會一再的為自己辯解，直到事情會有水落石出的那一天也不對人坦誠，最終失信於人。

當我們犯了錯誤的時候，不要去想如何隱瞞錯誤，而應該承認錯誤，擔負責任，並將它深植於內心，讓它成為我們腦海中一種強烈的意識。更甚者，我們還應該盡一切可能去彌補自己的過錯。事實上，很多時候，如果以積極的態度對待錯誤，盡力去改正錯誤，我們就不會遭受什麼損失，還能挽回自尊。而試圖逃避自己應該承擔的責任，既是欺騙別人，也是自欺欺人。我們應在一開始的時候就勇敢的面對錯誤，承擔責任。這樣你才會吸取教訓，從失敗中學習和成長。

莎倫‧德伯珀說：「犯錯是最好的學習方法。」吃一塹，才能長一智。只有錯了才能知道自己的不足之處，才能改進，讓自己更出色。成長的道路是艱難的，是在不斷的嘗試中前進的，只有透過錯誤才能更好的反省自己。日常工作中，我們可能有某些方面做得不盡如人意，甚至由於一時的疏忽導致不小的損失，但只要有正直、務實的心態，寬厚、通達的胸懷，就能從中吸取教訓，取得可喜的進步。

不輕易誇下海口，要信守諾言

誠信乃立身之本，信則立，無信則不立。孔子曰：「人而無

第六章 「糊塗」人，不糊塗

信不知其可也，大車無軏，小車無軏，其何以行之哉？」

曾子是孔子的得意弟子，他謹記先生的教誨，以誠信為本，以身作則。曾子殺豬立誠信的故事家喻戶曉，成為後人學習的典範。

一天，曾子的妻子要上集市上買東西，他的兒子要哭著跟隨。他的妻子沒有辦法只好騙兒子說，「你先回家，等我回來後殺豬給你吃。」

等她從集市上回來，卻看見曾子正準備捉豬去殺，就忙勸道：「你怎麼把我的話當真了呢，我只是為了不讓孩子哭鬧，騙孩子的。」曾子說：「答應了就要做到，不能隨便的哄騙孩子。父母是孩子的榜樣，如果你答應的事情都做不到，那麼以後孩子就會向你學習，也不講誠信了。而且你騙了孩子，孩子以後也就不會相信你了。」聽曾子這樣說，妻子知道自己錯了，就幫曾子殺豬，給孩子煮肉吃。

誠信是人生的命脈，一個人要是失去了誠信就失去了他人對自己的信任，也就失去了一切。說者無意，聽者有心，如果辦不到，就不要輕易許諾於人。言必信，信必行，行必果，一諾重千金。說出去的話，潑出去的水，一旦答應別人的事情就要說到做到。

周武王死後，周成王即位。他尚年幼，由其叔父周公旦攝政。

一天，周成王和與自己非常要好的弟弟叔虞在一棵梧桐樹下玩樂，突然，刮起了風，樹上的葉子都落了下來，成王一時興起，從地上撿起了一片葉子用小刀刻成了一個「圭」字，隨手將它送給了叔虞，並開玩笑說，「我要封你一塊土地，你先把這個拿去吧。」

叔虞聽成王這樣說，很高興的拿著這片刻著字的葉子去找周公，並告訴他成王給自己封地的事。聽完叔虞的話後，周公立馬換上朝服，趕到宮中向成王道賀。稱王很困惑，就問周公為什麼特意要穿上朝服來向自己道賀，有什麼可喜的事情嗎？此時的成王早已經把梧桐樹下的事情忘得一乾二淨。

周公解釋道：「我剛剛聽說，你已經冊封了你的小弟弟叔虞！發生了這樣的大事，我怎能不趕來道賀呢？」成王忍不住哈哈大笑，說那是鬧著玩的，並不是要真封地。

不料，成王的話剛說完，周公立即收起笑容，正色對成王說：「無論是誰，說話都要以『信』為重；您身為天子，金口玉言，說話更是不能隨隨便便。答應別人的事情就一定要做到，這樣，你才能得到天下人對你的信賴呀！倘若你總是背信棄義，將自己說出口的話視為玩笑，這樣，你還有資格做一國的天子嗎？」

聽周公這樣一說，成王感到十分的慚愧，然後就真的給叔虞封了一塊地。

第六章 「糊塗」人，不糊塗

　　成王戲言許諾，叔虞當真。在周公的教導下，成王意識到了輕易許諾他人的後果，並最終履行了諾言。德禮誠信是國之大綱，是立國之本，作為一朝天子更是要為自己的言行負責，一言九鼎。

　　守信用是人與人交往的一項基本原則，守信用的人會得到他人的尊重和幫助，而不守信的人則只會讓人遠離他，在需要他人幫助時卻無人相助，孤立無援，最後自取滅亡。明朝丞相劉伯溫所著的《郁離子》中講了這樣一則故事：

　　有一個商人，外出經商。過河的時候不小心船沉了。他急中生智，抓住了一根木頭呼救。一個漁夫聞聲而至。商人急忙說道：「我是暨陽城的首富，你若能救我，我會給你一百兩金子。」漁夫把他救上了岸。

　　上岸後，商人卻不認帳，說只答應給漁夫十兩金子，之後給了漁夫十兩金子。漁夫怪他不守信用，出爾反爾。商人狡辯說：「你一個漁夫，一輩子能不能賺到十兩金子？現在一下子就得到了，難道還不滿足嗎？」漁夫很生氣的走了。

　　沒想到在商人又一次出行時，船又在原地翻了，同樣懸賞救命。有人想去救他，卻被那個曾經救過他的漁夫給攔住了，說：「這就是那個說話不算話的人。」結果，商人被淹死了。

　　商人兩次翻船，遇同一個漁夫是偶然，但是他的結局卻是在意料之中。因為，人無信而不立，他不守信用自然就失去了

他人的信任，所以即使處於危難之中也不會有人伸出手去幫助他。只能坐以待斃。

商人如果在剛開始不懸賞，漁夫也不會見死不救，但是他許諾要給漁夫一百兩黃金卻不承認，讓人們不再相信他，所以最後孤立無助。信譽是一個人無形的資產，講信用是為了修治自己的品行。古人言：「得黃金百斤不如得季布一諾。己能守信，人始信之；如其無信，人必不信。」人與人之間的交往，信守承諾最重要，誠信是生命永久的伴侶，謊言不會開出燦爛的花朵。

裴多菲所說：「我寧願以誠實獲得一百個敵人的攻擊，也不願以偽善獲得一個朋友的讚揚。」食言就等於是失信於人，所以在不能做到的情況下就不要隨便的許諾，實現了諾言固然很好，要是實現不了還不如不許諾言。

看破別點破，該糊塗時就糊塗

「看透莫說透，說透非朋友。」這是在勸人們觀棋時要當好一個旁觀者。一些問題即使你知道答案也要裝作不知道，要不然就會因為自作聰明落個「多管閒事」的罪名，還有可能會因此遭人嫉恨。

生活就如同是博弈，如果你直言直語道破玄機，未必會落個「好人」的名聲。所以真正聰明的人懂得說話不說破，無須贅

第六章　「糊塗」人，不糊塗

言；而只有腦袋聰明，不懂人情世故的人看似很聰明，卻往往因直言直語，而被人視為「眼中釘、肉中刺」，遭打擊報復。楊修就是這樣一個不懂人情世故的人。

楊修出身世代簪纓之家。楊修是楊震的玄孫，楊彪的兒子。《後漢書》說「自震至彪，四世太尉。」楊修自幼好學，聰明靈巧，建安年間被舉孝廉，除郎中，後擔任曹操的主簿。在為曹操效力期間，楊修多次猜中曹操的心思，因此遭到曹操的嫉恨，最終被曹操所殺。

曹操多疑，深怕遭人暗算，於是就對左右的人吩咐道：「我做夢的時候喜歡殺人，所以在我睡覺時你們千萬不要靠近。」一天曹操在帳中睡覺，故意把被子踢到了地上，一個貼身侍衛慌忙給他蓋上。曹操即刻跳起來拔出劍把這名侍衛給殺了，然後又上床睡了。睡了半天後醒來了，卻假裝問道：「什麼人竟敢殺我的貼身侍衛？」大家把實情告訴曹操後，曹操痛哭，命人把這個侍衛厚葬了。

人們都以為曹操是真的夢中殺人，只有楊修明白曹操的意圖。在臨葬時指著屍體歎息道：「丞相非在夢中，君乃在夢中耳！」曹操聽到後非常討厭楊修。

一次，塞北的人給曹操送了一盒酥想巴結他，曹操嘗了一口，靈機一動想考考文臣武將的才智，就在盒上豎排寫了「一盒酥」三個字，讓使臣給文武大臣們送去。對此大臣們百思不得

其解，就向楊修請教，楊修竟拿出餐具將這盒酥分了。大家問他：「我們怎麼敢吃魏王的東西？」楊修說：「是魏王讓我們一人一口酥。」在場人都很佩服楊修的聰明才智。後來曹操問原因，楊修從容答道，「盒上明明寫著『一人一口酥』，我們怎麼敢違抗丞相的命令呢？」曹操雖然表面高興，而心裡卻很討厭楊修。

　　曹操出兵漢中進攻劉備時連吃敗仗困於斜谷界口，想要進兵，又被馬超拒守，想收兵回朝，又怕被蜀兵恥笑，猶豫不決，恰好碰上廚師上雞湯。曹操見碗中有雞肋，因而有感於懷，沉思間夏侯惇入帳，稟請夜間口號。曹操隨口答道：「雞肋！雞肋！」楊修見傳「雞肋」，便叫隨行軍士收拾行裝，準備歸程。有人報知夏侯惇。夏侯惇大驚，把楊修叫到帳中問道：「公何收拾行裝？」楊修說：「從今夜的號令來看，便可以知道魏王要退兵回國，雞肋，吃起來沒有肉，丟了又可惜。現在，進兵不能勝利，退兵又怕人恥笑，待在這裡沒有益處，不如早點回去，明日魏王必然班師還朝。所以先行收拾行裝，免得臨到走時慌亂。」夏侯惇說：「您真是明白魏王的心思啊！」就也收拾行裝。曹操本來就恨楊修入骨，見楊修又猜中了自己的心思，便以擾亂軍心為由把他殺了。

　　曹操生性多疑，楊修卻屢次犯忌，猜中曹操的心思。楊修聰明，而不善於處世，最終被曹操藉口殺了。有的時候即使看明白了也要裝作不明白，尤其是遇見像曹操這樣嫉賢妒能的人

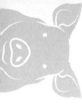

第六章　「糊塗」人，不糊塗

時，更要三緘其口。

古人常說：「洞察以為明者，常因明而生暗。」說的就是善於察人而產生的負面效應。所以說「好醜在心太明，則物不錕，賢愚心太明，則人不親，士君子須是內精明而外渾厚，使好醜而得其平，賢愚共受其益，才是生成之德。」意思就是說，人不能事事聰明，有的時候也要讓自己表現得笨拙一些，這樣才可以融入到團體之中，被他人接受。

人心難測，有時候稍不留神就會說錯話、辦錯事，所以人要謹言、慎行。把人生比作下棋真是再恰當不過了，如果我們看透了對方的棋局，自認為很聰明，卻娓娓道來，這樣勢必會遭到對手的懷恨。沉默是金，尤其是猜透他人的心思時更是要保持沉默，自己知道就行了，沒有必要告知所有人。沒有人願意要別人窺探自己的心思，每個人都想有一些祕密，沒有人會因為心底的祕密被他人猜中而感到高興。所以為了自己好，不要表現得太聰明，有些事情看破別點破，給他人留一些祕密。

自說糊塗，實在高明

很多聰明人都不甘於寂寞，想做強者，凡事都要爭個高低，做大官、賺大錢於是就成了他們的人生目標。用盡辦法也要達到目的，當然離不了投機取巧。辛苦一輩子為的就是一些利益，到了生命的盡頭才豁然開朗，才懂得權力與金錢都是生

不帶來死不帶去的，才認識到自己淪為了利欲的奴隸，從沒有為自己真正的活過，驀然回首，自己最快樂的時候卻是自己最糊塗的時候，不為名、不為利，只為內心坦蕩。

糊塗是一種人生智慧，他既不是對自己無原則的放縱，也不是麻木不仁，更不是昏庸的表現，他是我們在生活中對自己的一種暗示和警誡，是一種拿得起、放得下的修養，是一種豁然、大度，一種更高的生存境界。在生活中，難得糊塗使你做人有人緣，做事有機緣，你不想成功都難！

諸葛亮聰明、智慧、神機妙算；但他也糊塗，一心為劉備興復漢室，鞠躬盡瘁死而後已，這也成了他的代名詞。劉備在任時，他助劉備脫離了最困難的時期，三分天下，劉備死後又全心全意的輔佐後主，因後主軟弱無能，大事小事他都得親自定奪，雖然勞苦功高，權力集其一身，但他從來也不居功自傲，或者為己謀私利，因為他的一股熱忱，劉備才放心將自己打拼的天下交給他打理。

劉備三顧茅廬請諸葛亮出山，幫助他完成興復漢室的大業。諸葛亮被劉備的誠意打動，遂出山輔佐劉備，形成了三足鼎立的局面。諸葛亮在危難之際輔佐劉備，聯合孫權對付曹操，贏得赤壁之戰的勝利，奪占荊州。建安十六年攻取益州，繼而又擊敗曹軍，奪得漢中。建安二十六年，劉備在成都建立蜀漢政權，諸葛亮被任命為丞相，主持朝政。

第六章 「糊塗」人，不糊塗

　　章武三年，即西元二二三年，劉備病重，將劉禪託付給諸葛亮，劉備對諸葛亮說：「君才十倍曹丕，必能安國，終定大事。若嗣子可輔，輔之；如其不才，君可自取。」諸葛亮泣涕曰：「臣敢不竭股肱之力，效忠貞之節，繼之以死乎！」劉備去世後，劉禪繼位，諸葛亮封為武鄉侯，不久再領益州牧。

　　諸葛亮當政期間勤勉謹慎，因為劉禪無能，所以政事上的大小事情都由諸葛亮親自處理。他選賢任能，籠絡人才，人們稱讚他能盡時人之器用；他賞罰分明，淚斬馬謖，還因用人失察而自請貶官。益州自劉璋統治以來，豪強大族長期專權，蔑視君威，諸葛亮也毫不留情的懲辦了他們，從而保證了蜀國政治上的清明和統一。諸葛亮與東吳聯盟改善與西南少數名族的關係，並前後六次北伐，企圖消滅曹魏，恢復漢室，但終因力量懸殊而未能如願，建興十二年終因積勞成疾病卒於五丈原，諡忠武侯。

　　諸葛亮的一生鞠躬盡瘁死而後已。他在危難之際輔佐劉備，助其三分天下；劉備死後遵守承諾，盡心盡力的輔佐後主劉禪。他淡泊明志，雖然集權於一生，卻對近在咫尺的皇位視而不見，始終忠貞不二。

　　糊塗是一種為人之道，也是對生活所持的一種人生態度，更是人生經驗的結晶，只有歷盡坎坷和飽經風霜的人才深諳其中真諦。人生在世，最重要的莫過於安身立命，而安身立命處

處需要智慧。對他人要擅見其長，不拘於其短；對事情能總攬全域，不捨本逐末；在大事上能夠堅持原則，分清是非，顧全大局，頭腦清醒，遵守道義，抑惡從善；在小事上則不過多計較，不小題大作，寬容大度，順其自然。這，既是一種策略，也是一種智慧。諸葛亮被後人景仰，視為智慧的化身，正是因為他的這種死而後已的糊塗精神。

自謂之糊塗，人謂之高明，才是智者，自謂之高明，人謂之糊塗，便為愚人。投機取巧，可能難得重用；鋒芒太露，又易招人陷害。小聰明者，事事爭名奪利，處處爭功諉過，往往因小失大；大智慧者，小事糊塗，大事高明，舍小利而成大功。古往今來像諸葛亮這樣，不因才高而爭名，不因功高而爭利的智者並不多見！

「難得糊塗」是一種境界，心中有大目標的人，往往不拘泥於細枝末節，只著眼大方向；而一味要求聰明，有時反倒讓你局限於某個圈子，眼光難長遠。糊塗不難，難就難在如何做到把握糊塗的度，以自己特有的大智慧去擁抱人生，以自己固有的方法去展開生命，這就是糊塗的智慧。糊塗是一種心態，是一種美德，秉持糊塗的心態做人，自然能妥善的對待世間的人和事，既尊重自己，又能迎得別人的尊敬，這也是糊塗做人的要義。

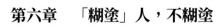

第六章　「糊塗」人，不糊塗

第七章

現實真的很現實

第七章　現實真的很現實

人間冷暖須自知

　　這個世界並非你想像的那麼簡單，有些你認為善的東西它未必善，你認為惡的事情，他也未必惡。一些你認為是道德的事情，它卻能讓你飽嘗痛苦和失敗，相反的，一些看似惡的事情卻能為一些人帶來好運。做人做事不妨給自己留一手，以不變應萬變。

　　人生因人心而變得複雜。世間人都希望自己能在人性的叢林中遊刃有餘，獲得他人的認可，但往往卻又力不從心，而又自怨自艾。因為每個人都對自己的真誠堅信不疑，即使是那些喜歡耍手段的人也不會把自己歸入「壞人」的行列。那些相信人性本善的人，只有在被人算計後或許才會明白人性之惡。不同的時代總是重複著相同的遊戲，歷史的經驗告訴我們，最後成功的人並不是那些宅心仁厚的人，而是那些既有高才又懂謀略的，善於「圓滑」處事的人。

　　生活中往往有些人抱怨「人走茶涼」或者是「樹倒猢猻散」，說的就是人間的冷暖。人原本就是自私的，在自己有利可圖時，就會溜鬚拍馬，百般的討好人，當你沒有了利用價值或者是失勢了，那麼他馬上就拍屁股走人，深怕你會對他有所求，或者遭連累，生活中諸如這樣的例子比比皆是。

　　文藝復興時期，義大利偉大的政治哲學家馬基雅維利說：

「任何一位試圖永遠與人為善的人，註定要毀滅在大多數有心為惡的人手中。」馬基雅維利認為，人是自私的，是忘恩負義的，是偽善的同時也是貪得無厭的，人的一切個人行為及社會行為都可以歸結為人的自利上。人，在他需要你的時候，他可以把一切都貢獻給你；但當你需要他的時候，他卻逃得無影無蹤，沒有絲毫要幫助你的意思，這就是人的劣根性。在與人相處時，時刻都不能掉以輕心，要考慮到人的劣根性，人的劣根性是導致一切不和諧因素的源頭，而這又是避免不了的，所以，我們只有武裝自己，讓自己適應這個社會，才不會讓自己陷入危難之中。

桃花園似的平息無波的生活是人人所嚮往的，但那也只是陶淵明幻想中的太平盛世，正是因為陶淵明忍受不了現實生活的冷酷無情，忍受不了人間的險惡，所以才構想出了這麼一個與世無爭的人間仙境，以表明他的理想和追求，陶淵明在《桃花源記》中描寫的理想社會在現實生活中是不存在的。無論是在什麼樣的社會環境下，人自私的本性是不會變的，有人類存在的地方就會有競爭，有競爭就會有被淘汰者，與世無爭的社會不會有進步，也不會有發展，所以，人生並沒有我們想像中的那樣美好，做人做事都要留個心眼。

《三字經》說：「人之初，性本善。」那是因為人還未設身處世，還沒有體驗到處事的辛酸，後天的教育以及經歷對一個人

的人生觀、價值觀的影響很大。人性或許原本是善的，但是知道利益的重要後人性就會轉惡，這個「惡」並非指辦壞事，這個「惡」只是指人的一些劣根性。其實，人沒有什麼好壞之分，都是因為爭名奪利，顯露出了人性的一些弱點，所以即被劃分為「惡」的一類。沒有人願意自尋煩惱，但是在生活中難免會遇見各式各樣的困難，人類自私的本性使然，生活中難免會產生一些不和諧的因素。

　　說人性是惡的，是因為人類的某些善舉並非會得到他人的認同，更不用說讓自己獲得尊敬了。就好比說，有時候熱心過了頭還會遭到他人的厭煩，招來憎恨。一個人可以沒有朋友，但是不能樹立敵人，沒有朋友並無大礙，只是生活難免會孤單，但是如果樹立了敵人，你的人生路就會走的異常艱難，所以絕不要讓別人嫉恨你，也不要讓自己被他人看輕，被人鄙視，一個人要在合適的時間辦合適的事，順應時事，凡事視情況而定。

　　對待不同的人，我們要用不同的方法。對朋友我們要寬容、仁慈；對待敵人，則要以牙還牙，不能手軟。讓敵人變朋友那是一件困難的事情，在他還是你的敵人的時候，你就只能把它看成敵人，這樣你才有安全可言。馬基雅維利驕傲給我們的人生策略是：「要想在人生的戰場上獲得真正的榮譽，就不得不學習如何狩獵野獸。」

　　人生因人心而複雜，也因人心而簡單，就像莫泊桑在他的長篇小說《人生》中寫到的一樣：「人生啊！從來不像你想像中的那麼好，但也不像你想像中的那麼壞！」生活是美好的，可現實是殘酷的，我們要在殘酷的生活中保護自己，既不能因為現實的殘酷而否定生活的美好，也不能因為生活的美好而漠視現實的殘酷。

天真沒有錯，錯的是時機

　　天真原本是人性的優點，但是複雜的社會卻讓它淪落為了缺點。天真可以活得快樂，無憂無慮，不用考慮太多複雜的事情，但是現實生活容不得天真的我們，在校園裡天真一點或許會很快樂，但是一旦踏上了社會，它就會變成你的陷阱，成為你最大的缺點。

　　社會競爭激烈，魚龍混雜，人們為了獲取自己的利益難免會有欺騙、利用他人的行為，這些看似有悖於倫理的手段卻成為了人們的生存計謀，而且屬於正當行為，讓「受騙」的人無計可施，在下面案例中的王琦就是因為太單純，將生活看得太美好才陷入了老闆的圈套。

　　四年前王琦會科系畢業，因為專業知識很扎實，所以在學校校園招聘的時候她很順利的就應聘上了。對於剛剛畢業的大學生來說，這份工作看上去很不錯，是在一家公司做財務工

作。王琦覺得自己很幸運。然而上班不久，王琦發現公司的薪資水準太低。但她想皇天不負苦心人，只要自己努力工作薪資會漲的，也會升遷的。於是她每天都很努力的工作，而且還為公司解決了不少難題，同事及主管都認為她很有能力，前途無量。

　　一年後，很多能力不及王琦的人都升了職，加了薪，王琦卻沒有。於是她就去找老闆談，老闆說：「我會考慮的。」王琦認為應該相信老闆，因為他畢竟是老闆。但是，第二年王琦還是原地不動。於是她又去找老闆，老闆這次又說會考慮，並且讓她好好做。王琦又一次相信了老闆。但是日復一日，年復一年，王琦的薪水還是分文未漲。後來她才知道，因為自己能力比他人強，遭到了一些小人的嫉妒，受到排擠，而且公司還遵循「論資排輩」，再者王琦是外地人，同事中除了老闆幾乎都是本地人。

　　知道公司的「潛規則」後王琦打算辭職，於是去找老闆談。老闆卻說「辭職可以，但你必須繳違約金。」王琦很惱火，說，「三年來，是您言而無信，怎麼要我繳違約金？」老闆笑了笑，說：「我只是說會考慮，並沒有答應你，怎麼會是言而無信呢？至於違約金，勞動合約裡寫得很清楚，我們按合約辦理。」王琦無言以對，這時的她才認識到，一切的一切都是因為自己太天真，太單純！

　　王琦因為初入社會，不懂得人心險惡，還以在校時的天真看待一切，不僅沒有升遷加薪，還掉進了老闆設計的陷阱，照合約賠償違約金，得不償失。因為她只知道工作，平時也不與同事打交道，所以人緣也不好，導致被排擠。天真一點沒有錯，關鍵是社會太複雜，要想在社會上有一席之地，就必須懂得適當的偽裝自己。走入社會，如果還是一貫的天真下去，日子自然不會好過。

　　荀子論人性時說，「人之性惡，其善者偽也。」意思是說，人性本來就是惡的，表面的善是偽裝出來的。激烈的社會競爭不得不讓人偽裝自己，強顏歡笑，尤其是在競爭激烈的職場中。在職場競爭中，優者勝、劣者汰的原則讓那些表現優秀的人難免會遭到小人的嫉恨，所以，步入職場後就要一改校園中帶來的稚氣，向成熟、幹練轉型。如果你依然保持天真的本色，遭到他人的設計是在所難免的，所以要想不被人利用，就要有點心眼防止被他人陷害，否則日後的工作生活會有諸多不順利。

　　人善被人欺，馬善被人騎。天真、單純、善良的人往往容易被人利用，受到傷害。烏龜在受到傷害時會用龜殼把自己藏起來，人也要有自己的龜殼保護自己，人的龜殼就是「心」，在與他人打交道時要步步小心、處處留心，如果一味的去埋怨社會的複雜只能說明你還不能適應社會。這是一個適者生存的社

會，我們要學會適應社會，順應社會之流而不是讓社會去適應你，適當的調整一下自己的心態，多留心一下周圍的人或事，工作、生活就會變得很美好。

　　不能太天真並不是教你耍心機，使心眼，而是要你在人性的叢林中學會保護自己。一般的人都不喜歡心眼太多的人，但是在現實生活中耍心眼為自己謀取利益的大有人在，與其說欺騙他人的行為太卑鄙，不如說上當受騙的人太天真、太單純。從某種意義上說，人生的競爭就是一場無形戰爭，為了生存不僅要在才能上勝過他人，生活中還要謹慎處事，這樣才不會吃大虧。

不學楊憚，憑個人意願做事

　　你認為是對的事情未必就正確，你認為不對的也未必就是錯的。做人也好，做事也罷，我們都不能以主觀意願來判斷一件事情的正確與否，什麼事情該做，什麼事情不能做，不是你一個人說了算的，在我們的生活中好心辦錯事的例子比比皆是。

　　皮特是一家外商的高級員工，待人熱情，工作也很積極主動，很受老闆及同事的歡迎，但是他的這一良好形象，卻因為一件小事給破壞了。在同事們的眼裡，他成了個虛情假意的人。

　　一天，同事們都等著開早會，皮特則一直站在陽臺邊。有位同事發現地板有些髒，就拿起拖把拖起地來。不一會兒，皮

特從陽臺邊走來，非要拿起這位同事手中的拖把，本來地就要快拖完了，不需要皮特的幫忙，可是皮特執意要拖把，同事無奈之下就把拖把給了他。

不料，幾分鐘過後，總經理進來了，看見皮特正在勤勤懇懇的打掃，臉上堆滿了笑意。但是此時同事們的表情卻很複雜，尤其是他幫忙拖地的那位同事，臉上全是不快。這時候即使是皮特真的出於好意幫忙拖地，但在大家眼裡，他就是在故意表現自己，從此往後大家對他的看法變了，認為他為人不真實，虛偽。皮特之前樹立的良好形象垮了。之後他在辦公室做事也沒有先前那麼順利了！

做人做事要多加思考，不能任憑自己的看法來做事。就像皮特一樣，表現也要分時候，既然人家都快做完了，就不要搶別人的風頭，要給人機會表現。即使當時沒有碰見主管，那位同事的心裡應該也不是什麼滋味，更不用說讓人家感謝的事了。所以，凡事三思而後行。

有時候你雖然沒有辦錯事，但也可以給你加一道罪名，讓你大難臨頭。做人做事不能只顧自己心頭熱，而要全面考慮，視情況而定。很多事情並非我們想像中的那麼簡單，相反卻是複雜的多。

楊惲是漢宣帝時期的官員，他的父親是漢昭帝時的丞相楊敞，母親則是司馬遷的女兒，因此楊惲從小就受到了良好的教

育，少年得志。霍光企圖謀反，他最先告訴宣帝，在霍光被除後，宣帝封他為平通侯。

漢宣帝時期，官員腐敗，賄賂之風盛行，但是楊惲重仁義而輕財務，為官清廉，嚴格守法，大公無私，受到一些官員的稱讚。但是楊惲因為自己少年得志，有點驕傲自滿，再加上他官運亨通，導致招人嫉妒。因此有人在宣帝面前誣陷他，說他對皇帝不滿，表現得那麼清廉是為了籠絡人心，圖謀不軌。結果宣帝就把楊惲革職了。

楊惲被革職後應該低調一些才是，可是他卻一反常態，開始為家裡添置家當，以為不做官了就可以隨便點了。他的好友孫會宗聽說了這件事就寫信勸他低調些，被免職後更應該保持清廉，關起門來表示惶恐，而不是忙著搞關係。誰知楊惲不僅不領情，還不服朋友的勸說，回信道：「我知道自己犯了大錯，德行上也有汙點，不應該做官，理應一輩子當農夫。當農民很幸苦，平時也沒有什麼快樂的事，但是在節慶時殺牛宰羊，喝酒吃肉來慰勞一下自己不是犯錯吧！」結果倆人的關心不如從前那麼友好了。

後來果真有人在皇帝面前告楊惲的狀，說他被罷官後，生活不斷的腐化。宣帝沒有調查，就直接把楊惲捉拿歸案了，以大逆不道的罪名腰斬於市，他的妻兒被流放。

做人不能像楊惲那樣，憑個人意願做事，朋友好心勸說，

不但不領情還要倒打一耙。被罷官，不但不知悔改，還單純的認為不做官了就可以隨心所欲，做事高調，結果讓人抓了把柄，舊帳新帳一起算，人頭落地，還連累了家人。

善於為自己辯護是人之常情，就像戴爾‧卡內基說的：「即使是傻瓜也會為自己的錯誤辯護，但能承認自己錯誤的人，更會獲得他人的尊重，而且有一種高貴怡然的感覺。」但是楊惲卻自以為是，處世不慎，不知道自己錯在了哪裡，是他人生的悲哀。做人做事的對與錯沒有嚴格的界限，這也是做人難的一大原因。做事之前一定要考慮周全，三思而後行，這樣做人才不至於太難。

和紀曉嵐一樣，練就一口鐵齒銅牙

電視劇《鐵齒銅牙紀曉嵐》中的紀曉嵐能言善辯，他與乾隆、和珅三劍客在一起總能把觀眾逗得捧腹大笑。但是電視劇終歸是電視劇，難免失真。現實生活中的紀曉嵐雖然機警，頭腦靈活，說話幽默風趣，能言善辯，但是他與乾隆的關係並非像電視劇中演的那樣好，在現實中，乾隆與紀曉嵐的關係一般，紀曉嵐只是乾隆帝解悶、逗樂的陪伴者，所以紀曉嵐有機會和乾隆一起遊山玩水，並不是因為他受寵而是因為他會說話，帶上會他讓旅行更有意思。

乾隆帝自視甚高，又喜歡被人吹捧，紀曉嵐雖然有些世

故，但他的性格耿直，多次得罪乾隆，惹禍上身，幸好他學問高，腦袋轉得快，嘴巴又會說，才躲過劫難。

　　紀曉嵐一生做得最多的事情就是主持科舉和主導編修。一年盛夏時節，紀曉嵐和幾個同僚在書館裡校閱書稿。天氣炎熱，紀曉嵐身體又胖，耐不住熱，於是就脫掉了上衣、把辮子也盤到了頭頂上，光著身子繼續校閱。

　　沒想到一會乾隆皇帝走進了書館，等紀曉嵐發現時已經來不及穿衣服了，於是急中生智，他趕緊縮到桌子底下去了。乾隆帝進來的時候其實看見紀曉嵐的動作了，但是他卻裝作沒看見，想逗逗紀曉嵐，於是就故意和其他官員閒聊，沒有要走的意思。紀曉嵐躲在桌子底下，加上天氣又熱，大汗淋漓，實在熬不住了，就探出頭問道：「老頭子走了沒有？」剛問完，抬起頭來一看，乾隆帝就坐在他的面前。

　　紀曉嵐的問話讓在館的官員們都覺得很好笑，但是乾隆卻生氣了，大怒道：「紀曉嵐，你好無禮，憑什麼叫朕老頭子？如果你解釋得好朕就饒了你，如果道不出個所以然來你就等著掉腦袋。」紀曉嵐不慌不忙，從容回答道：「皇上萬壽無疆，難道不叫老嗎？您至高無上，天下的人民都臣服於您，難道不叫頭嗎？天地是皇上的父母，皇上是天子，難道不是子嗎？連起來不就成了老頭子？」乾隆皇帝立即轉怒為喜，紀曉嵐不但沒有受到處分反而還得到了獎賞。在場的官員本來都為紀曉嵐捏了把

汗，但是聽了解釋後都不得不佩服紀曉嵐的機智。

　　乾隆愛面子，認為把他比作老頭子是種侮辱，所以很生氣，但是他又很愛被抬高，紀曉嵐了解乾隆的秉性，所以就奉承他，他的奉承讓乾隆皇帝很高興，心情立刻轉陰為晴。紀曉嵐的一張巧嘴讓他轉禍為福。

　　說話是一門藝術，說話之前要考慮聽者的反應，要考慮什麼話對方聽著會高興，什麼話又會讓對方大怒。說話要謹慎，要站在對方的立場想問題，就如紀曉嵐一樣，知道乾隆喜歡聽什麼樣的話，所以他才能從容不迫。「伴君如伴虎。」「君要臣死，臣不得不死。」在皇帝身邊做事保住腦袋很不容易，皇帝的喜怒無常往往決定著大臣的命運，紀曉嵐在他的一生中多次惹怒乾隆，但都能脫離險境，正是因為他有一張會說話的嘴。紀曉嵐取悅乾隆只是為了安身立命，保護自己，並沒有刻意奉承的意思，他的能言善辯並不是耍小聰明，而是靠他自己的聰明才智和高深的學問。

　　無論在什麼場合，會說話都不是一件壞事，會說話的人能贏得好人緣，能有更多的朋友。

　　說話是人與人交流的主要手段，會說話的人往往很受人們的歡迎，無論是在生活上還是工作上，都能利用自己的語言社交能力展示自己的魅力，使工作順利，生活愉快。會說話的人往往說話不失幽默，能給身邊的人帶來快樂；會說話的人，

能夠恰到好處的表達自己的意願、情感、思想，往往能以理服人，而且在與他人對話的過程中，還能增進對對方的了解，進一步做好關係；會說話的人能在各種場合遊刃有餘，所以會說話是辦好事的一個關鍵因素，是走向成功的第一步階梯。

直言易惹禍，讓舌頭打個彎

很多事情並不像我們想像的那樣，想怎麼樣就怎麼樣，全憑個人主觀意願，這樣容易疏忽他人的情感，得罪人。生活中的很多事情都不能直來直往，尤其是帶有強制性或約束性的要求，這類不易被人接受、容易引發矛盾的事情應該採取一些柔和的態度和緩和的手段，這樣才有可能達到目地，如果直來直往難免會得罪人，即使你是出於好意，也會在不經意見樹立敵人。

晁錯是西漢時期獻身於帝國大業的政治家，他性格耿直，又嚴厲、苛刻，做事直來直往，只懂謀國不懂處世，在文帝和景帝時期提出了不少有利於漢王朝發展的政見，他的意見雖然有利於國家的發展，但是他的直來直往、過於鋒芒卻招來了嫉恨，所以很多對他有意見的人都想借著「七國之亂」除掉他，所以愛國的晁錯成了冤死鬼。

晁錯是西漢文景時期的著名政論家，因學《尚書》後給文帝講解內容以及表明自己的一些看法，很受文帝的賞識，命其為

太子舍人，後又為門大夫，再升為博士，因為辯才非凡，教導太子很得法，被太子劉啟即後來的漢景帝尊為智囊，很受賞識。

文帝十一年（西元前一六九年），匈奴侵擾狄道，隴西軍民以少擊眾，打敗了匈奴軍隊。晁錯乘機向文帝上了《言兵事疏》，對過去的歷史經驗和當時的事實進行總結，論述了抗擊匈奴的策略和策略思想。受到漢文帝的讚賞。文帝十五年（西元前一六五年），文帝令大臣們推舉賢良、方正、文學之士。晁錯在太子家令任內被推舉為賢良。文帝親自出題，就「明於國家大體」等重要問題，提出策問。當時賈誼已死，參加對策的一百多人中，以晁錯的回答為最好。晁錯的對策，深得文帝的嘉許，因此，文帝就把他由太子家令提升為掌管議論政事的中大夫。在削藩的問題上，晁錯與賈誼的看法一致，晁錯曾多次上書文帝，提出削諸侯和改革法令的建議。文帝雖沒有採納他的建議，但十分賞識他的才能。

漢文帝後元七年（西元前一五七年），文帝去世，景帝即位，立即提升晁錯為內史，景帝對他言聽計從，寵愛有加，許多法令是經晁錯之手修改訂立的。不久提升晁錯為御史大夫。從此晁錯位列三公。對地方諸侯王危害西漢王朝的問題，晁錯與賈誼的看法是一致的。他在《削藩策》一文中指出：「今削之亦反，不削亦反。削之，其反亟，禍小；不削之，其反遲，禍大。」景帝很贊成晁錯的建議，但是這卻遭到了群臣的反對，景

第七章　現實真的很現實

帝優柔寡斷未能採納。

晁錯性格剛直，在平時得罪了不少人，他在政見上與群臣每每不合，引起眾臣嫉恨。再加上他急於削藩，引起諸侯的不滿，在景帝三年發生了「七國之亂」，諸侯國以「請誅晁錯，以清君側」為名，威逼景帝。外戚竇嬰等人原來就和晁錯矛盾很深，此時見有機可乘，就提議景帝殺晁錯來平息叛亂。景帝聽信了竇嬰之言，無奈之下腰斬晁錯於東市，時晁錯四十六歲。

晁錯的政見雖然處處是為國家大局著想，但他所提出的削地的辦法，卻有人為的情勢惡化的因素在裡面，與賈誼的「眾建諸侯而少其力」的逐漸削弱的辦法相比，不免性急了一些，效果也是不同的。晁錯不顧群臣反對，多次直言進諫，又多次修改法令，令群臣不滿，因此使其成為了代罪羔羊。晁錯死後，吳楚七國之亂並沒有平息，最後景帝還是派名將周亞夫出征，才很快平反叛亂。

晁錯雖然才能很高並且深得皇帝的喜愛，但是他的直言直行為他樹立了太多敵人。在現實生活中，有些善意的勸誡和提醒，如果直言很難被人們接受，就應該曲徑通幽表達批評、硬性規定和要求，這樣才能使你的語言變得柔和而又充滿人情味，從而讓人欣然接受和執行。

在待人處事時要避免直言直行。說實話，直言直語本來是人們的一個優點，但是喜歡直言的人正義感都很強，言語的爆

216

發力和殺傷力也都很強，這種人容易被人當槍使，導致最後受傷的是自己，直言直行雖然是為他人好，但是從表面看來相識於他人過不去。因此，有些話能不講就不要講，有些事能不做就不做，要講要做就拐個彎，點到為止。

競爭的社會，防人之心不可無

在現實社會裡，你真心待別人未必別人也會真心待你，殊不知什麼時候會被人從背後捅一刀。作為一個成年人不應該太單純，與其說小人卑鄙可惡，倒不如說受傷害的人太單純太傻。

曹操一直是一個頗有爭議的人物，有人稱他為一代梟雄，也有人認為其是奸雄。史書評價他為：「清平之奸賊，亂世之英雄」。曹操奉行的座右銘是「寧可我負天下人，不可天下人負我。」他生性多疑，一生殺人無數，楊修、華佗等等都成了他的刀下鬼，就連對他一片赤心的呂伯奢也被他殺了，成了冤死鬼。曹操廣結友是為了「利」而不是「義」，所以「不為我所用，就殺無赦。」

曹操心還在向著漢朝時，為了建功立業刺殺董卓，未果，董卓懸賞捉拿曹操，曹操逃亡。途徑中牟縣，被守關軍士捉住押到縣衙。縣令陳宮聽說他是因為刺殺奸相董卓才落荒而逃，被他的「英雄行為」感動，不但幫他解開了刑具放了他，而且自己也棄官與他同路而逃，想跟他成就一番大業。

217

第七章　現實真的很現實

　　曹操和陳宮走了三天三夜，路過曹操故友呂伯奢家，呂伯奢熱情留客，囑咐家人殺豬招待他們，然後還說先綁了再殺，然後就去了西村買酒。曹操是個多疑的人，他懷疑呂伯奢會殺了自己請功，又聽到了磨刀聲，所以先下手為強，揮刀入內殺了呂伯奢全家，不問男女老少。他和陳宮搜到廚房卻看見綁著一頭待殺的豬，這才知道錯殺了人。在逃走的路上看見買酒回來的呂伯奢，竟也被曹操一刀砍死了。陳宮認為他太殘忍，指責曹操的不義，可曹操卻說什麼「寧教我負天下人，休教天下人負我。」陳宮心寒，便離他而去。後來投張邈，又轉投呂布，是呂布身邊的第一謀士。

　　呂布被曹操打敗，為呂布獻計的陳宮同呂布一起被曹操所俘，陳宮了解曹操的為人，決意赴死。此時曹操已大權在握，俗話說「滴水之恩當湧泉相報。」陳宮對曹操有恩，曹操放陳宮一馬，當做報恩也不是很困難的事。可是曹操不但沒有要放陳宮的意思，還連諷刺帶挖苦，數落了陳宮一通之後還是殺了。

　　俗話說，「害人之心不可有，防人之心不可無。」以誠待人，和人和睦相處，不與任何人為敵，雖然是做人的根本原則，但是現實社會的殘忍使我們不得不心存戒備。大千世界無奇不有，你對別人真心，別人未必對你誠意，你沒有心思害人不見得別人也沒有，在生活中，為了自己的個人利益而去傷害那些無辜的人的例子不在少數。所以生活在這個複雜的社會裡必須

要有一點防範意識，給自己一份安全保障。

愛默生說：「成功者並非比失敗者有頭腦，只不過他們比失敗者多了一點計謀。」兵不厭詐，自古以來奪取政權的人都是懂得使手段的人，而吃虧的人則都是那些想法單純，太過於相信他人的人。

建安末年，司馬懿起兵討魏時，桓範勸曹爽挾魏帝到許昌，曹爽不聽。曹爽被司馬懿所殺，桓範也遭連累。

司馬氏渭橋兵變的時候，中外一片混亂，形勢晦暗不明，大臣們不知所措，司農桓範當機立斷，奪了大司馬印逃出了洛陽，趕往曹爽處。司馬懿聽說桓範逃走的消息後，跺著腳歎息道：「糟糕、智囊逃走了。」蔣濟說道：「桓範雖足智多謀，但曹爽屬於駑馬戀棧豆之輩，必不用桓範之計。」

果然，不出蔣濟所料，桓範到了曹爽處，勸曹爽奉天子幸駐許昌陪都，然後以大將軍身分用勤王號令調集四方兵眾以求自救，他說：「這裡到許昌，不到半宿，城中糧草足可以支撐好幾年。調動天下兵馬的大司馬印現在就在我手裡！閣下還怕什麼呢？且如今天子在手中，打著皇帝的旗號號令天下，國中的將領一看就知道該跟何人了！」可是曹爽竟然為了司馬懿的不殺頭的許諾，猶豫不決，還指望當個富翁。桓範氣得罵道：「曹子丹（曹真）佳人，生汝兄弟，犢耳！何圖今日因你等滅族也！」

曹爽最終投了降，被騙罷兵，司馬氏將曹爽一夥全部軟

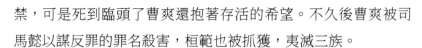

禁，可是死到臨頭了曹爽還抱著存活的希望。不久後曹爽被司馬懿以謀反罪的罪名殺害，桓範也被抓獲，夷滅三族。

激烈的競爭就好比是一場場的戰爭，要想在激烈的競爭中存活，就必須慎重，做人要真誠，但不能缺少心機。我們既不能害人也不能讓人害。

改變自己才會改變生活

有人說，「老是把自己當成珍珠，就時時有被埋沒的痛苦，把自己當作泥土吧，讓眾人把你踩成一條道路。」目標設得太高，理想過於完美，難免會讓你因「懷才不遇」而抱怨社會的不公，但是抱怨之後你又得到了什麼？只會讓自己更加的痛苦，活得更累。人在追求理想的時候也要兼顧現實，理想是完美的，但現實卻永遠都不會有完美的一天。坦然的接受現實中的不完美，改變自己去適應社會，而不是等著社會的改變去達到你的完美要求。

等著人家去適應你就好比是守株待兔的宋人一樣，不僅蹉跎了美好的時光，還會一無所獲。人要現實一點，不能生活在自己幻想的「烏托邦」中，烏托邦式的生活是完美的，但是這種生活以前沒有過，現在也不存在，將來更是不會有。與其抱怨生活中的種種不如意，不如把目光投向那些美好的事物上，這樣你的牢騷自然也會減少。抱怨就像是一劑慢性腐蝕劑，在

腐蝕自己的同時也在消磨別人的意志，因為情緒是會相互傳染的。如果讓抱怨形成一種習慣，那麼生活就如同是煉獄一般，痛苦不堪，機會也會溜走。所以，與其抱怨生活，不如自己做一些改變。

在倫敦泰晤士河畔西敏寺的地下室裡，一位德高望重的英國聖公會主教的墓誌銘上鐫刻著這樣一段話：

「當我年輕自由的時候，我的想像力沒有任何的局限，我夢想著改變這個世界，讓它變得更加完美。當我漸漸成熟明智的時候，我發現這個世界是不可能改變的。於是，我將眼光放得短淺了一些，那就只改變我的國家吧！但是我的國家似乎也是我無法改變的。當我到了遲暮之年，抱著最後一絲努力和希望，我決定只改變我的家庭，親近的人，但是，唉！這也不可能，他們根本不接受改變。現在，我躺在床上，行將就木之際，我突然意識到，如果起初我只改變自己，接著我就可以依次改變我的家人，然後，在他們的激發和鼓勵下，我也許能為我的國家做些事情；再接下來，誰又能知道呢，也許我連整個世界都可以改變。」

對生活過於吹毛求疵，是一種可笑的行為，抱怨並不能改變現實，把抱怨的時間和精力用來改變自己，你將會發現生活原來是這樣的美好，就像這位德高望重的主教一樣，與其等著別人改變，不如先改變自己，或許你還能有所作為。

第七章　現實真的很現實

　　丁旺財家裡十分貧困，小時候因為這個原因還常常受夥伴們的欺負，小旺財當然生氣，還想好好和他們打一架，但想一想和他們打架吃虧的只能是自己，而且打了架衣服破了又沒錢買新的，所以他忍了，告訴自己說：「我不生氣，我也不抱怨，我要爭一口氣，我要好好上學，改變我的命運。」

　　抱有這樣的心態後，不管別人怎麼取笑旺財，捉弄他，欺負他，他都不和他們計較，而是越激勵自己好好學習、發憤圖強。有時候別人欺負他有人看不過去就會幫他，當別人問他，「人家這樣對你，你怎麼不反抗啊，難道你不生氣嗎？」他回答說：「生氣？能改變什麼？生氣解決不了問題，生氣還不如爭一口氣，利用那個時間多學習點知識，這才最實際。」

　　因為旺財從來不和那些欺負自己的人計較，那些人也覺著沒意思，也就不再欺負他了，加上旺財學業成績優秀，人又踏實，從不打架鬧事，因此成了老師和家長口中的好孩子。皇天不負苦心人，旺財靠著自己的努力考進了當地最好的公立高中，後來又考上了國立大學，在大學裡他申請了助學貸款，加上平時自己打些工，最終以優秀的成績畢業，並找到了一份待遇不錯的工作，改變了窮苦的命運。那些戲弄他的夥伴早早就輟了學，在做臨時工，過著有一餐沒一餐的生活。

　　人最大的敵人是自己，最大的勝利則是戰勝自我，一個人一生的最大發現或許就是借著改變自己的心態開始改變自己的

一生。如果一直有那麼一條假想的鏈子束縛著你，讓你覺得自己永遠都不可能改變，那麼你就一輩子都不會改變。

　　現實生活中的一些人，總是看什麼都不順，總是生活在自己的抱怨聲中，好為人師，總指望別人去改變，久而久之就會招人厭煩，人們就會開始遠離他。對於自己看不順眼的事情，需要改變的是你，而不是別人。如果我們不挑剔生活，而是用欣賞的眼光看待一切，對待朋友和家人用讚美來代替批評，久而久之你就會發現自己的心變寬了，生活中也沒有那麼多的煩心事了。因此，在對生活有不滿情緒時，不妨用改變自己來代替抱怨生活，這樣生活也才會變得更美好。

不要相信所謂的「命中註定」

　　上帝對每個人都是公平的，機會就在我們的身邊，就看你能否抓得住，失去機會固然可惜，但是因為失去了機會，就甘於落於人後，那樣就更可惜。要想有所成就就必須積極努力的去尋找機會，而不是一味的抱怨自己懷才不遇。

　　每個人來到這個世界，都不甘平庸和寂寞，都想有一番驚天動地的作為。當你沒有獲得成功的時候，也許你會抱怨上天沒有給你一個良好的機會，會因此消沉下去。屈原忠心侍楚懷王，助楚國成為強國，但因遭小人嫉妒，最終被流放，因為不得志，遂跳汨羅江以身殉國；陶淵明因看不慣官場的腐敗，又

第七章　現實真的很現實

不願為五斗米折腰，種豆南山下，抒發著自己的懷才不遇；李白自恃才高而唐玄宗卻只把他當做是御用文人；白居易因為得罪權貴而被貶為江州司馬。自古以來，懷才不遇就好像是文人的專利，滿腹牢騷的詩文便成了他們發洩情緒的工具。

懷才不遇的原因不一，或者伯樂難尋，或者錯失機會，或者不滿環境。但不管出於什麼原因，在遇到表現機會之前，必須不斷充電，踏實做事，一步一步腳印，累積工作經驗和人生閱歷；謙遜忍讓，淡泊名利，以更高的要求來約束自己，等待風起揚帆的那天到來。機遇只偏愛有所準備的人，而一味的抱怨並不會有什麼改變，反倒會讓自己更加消沉。與其抱怨自己的不幸，不如發憤圖強給自己充電，戰國時期縱橫家的代表人物蘇秦便是懷才不遇、自求門路中的典型。

蘇秦出身農家，但他不甘於貧困，素有大志，曾隨鬼谷子學習縱橫術多年，與張儀是同窗好友，他與張儀齊名，是戰國時期頗有影響的縱橫家。

蘇秦從鬼谷子那裡學成之後，為了求取功名，便變賣了家產置辦華麗行裝，去秦遊說秦惠王，欲以連橫之術逐步統一中國，未被採納。由於在秦待的時間太久，以致盤纏將盡，只好衣衫襤褸的返回家中。親人見他如此落魄，加上他把家產都變賣了，所以都對他十分冷淡，於是「妻不下織、嫂不為炊、父母不與言。」對於這一切蘇秦並不抱怨，反倒羞愧難當，他認為

這些都是自己造成的，他說：「妻不以我為夫，嫂不以我為叔，父母不以我為子，是皆秦之罪也！」於是閉室不出，下決心用功學習，晝夜苦讀書籍。

蘇秦讀太公《陰符經》的時候，每次在打瞌睡的時候就用錐子扎自己的大腿，強迫自己清醒過來，專心讀書。這就是「頭懸梁、錐刺股」中「刺股」的由來。這樣堅持了一年，當他再次周遊列國時終於說服齊、楚、燕、韓、趙、魏「合縱」抗秦，並手握六國相印。蘇秦締約六國，聯合抗秦，投縱約書予秦，使秦王不敢窺函谷關達十五年之久。

蘇秦沒有因為懷才不遇而沮喪，而是懂得反躬自省，更加的發憤圖強，最終實現了夢想，成為了影響一時的縱橫家，用現代的話來說，蘇秦是一位傑出的外交家。

在工作中遇到了不平等的待遇或者是不順心的事，首先應該做的就是自我反省，想想自己做得是否足夠的好。其實大多數時候，自己得不到重用多半的原因是自己造成的，經過冷靜的思考之後，認識到了自己的不足之處，可以把那些對自己不利的因素當成是對自己毅力、品德、特質的綜合考驗，加緊給自己充電，提高自己的能力，而不是讓自己整日處於風口浪尖上，抱怨生活。

有些人，在生活中遇到某種不幸或者挫折時，總是抱怨自己的「命中註定」或「命運不佳」，認定自己這一輩子懷才不

遇，有了這樣消極的人生觀，即使他身邊有機會，他也看不見，對他們來說，命運都是天註定的，不管自己怎樣努力都不會有好的結果，被命運束縛著的他們怎麼又會看得見機會向他們招手呢。

命運是存在的，但是命運並非天註定，而是由你本人的主觀意願及周圍的環境決定的，過去的命運已經成為了歷史，未來的命運則是未知的，路是人走出來的，而不是天定的，命運掌握在我們自己手中，要靠我們自己去改變。一個人會有怎樣的命運，這不是別人說了算的，起決定性作用的是我們自己，我們自己是我們命運的主宰者和擁有者，所以不要把自己歸為懷才不遇的那一類，自己的將來要靠自己去努力奮鬥。

織好關係網，不能有私心

在人際社交的過程中，關係網很重要，尤其是在物質經濟高速發展的現代社會，人際關係網在社會經濟活動中有著舉足輕重的作用。俗話說：「多個朋友多條路」，如果你的關係網夠密，當然你的路也會更廣、更寬，處理事情也能取得事半功倍的效果，對於成就大業的人來說，關係網有著決定性的作用。

人總愛偏向自己，總想從別人那裡撈到好處，也總想從別人那裡得到歡樂，這種傾向總能讓別人感受得到，這從根本上決定了人與人之間的關係長久不了。獨木難成林，每個人都需

要社交，每個人也都想擴大自己的交際圈，獲得穩定、長久的關係網，但是關係網並不是一天就能建立起來的，就像草地變森林需要細心的播種一樣，需要細心的編織。穩定、長久的關係網需要細心的經營，不能只考慮個人利益，要多關心他人。

美國人際關係權威哈威麥卡說：「在這個世界上，人與人之間的關係不會超過六個人之間的關係。」也就是說，你的朋友的朋友的朋友……（加上你六個人）可以是劉德華，可以是梁朝偉，可以是張藝謀，可以是甄子丹，可以是李連杰，你可以透過朋友的介紹認識更多可以幫助到你的人。那麼怎樣才能建立一個經得起考驗的人際關係網？需要遵循以下幾個原則：

(1) 關心別人要多過關心自己

要想建立良好的人際關係網，就不能只顧個人利益，而要多替別人考慮。人往往是在知道你是否關心他們之後，才會在乎你是否了解他們，真心實意的關心往往能給人留下深刻的印象，劉邦知道關心人，所以才能讓那麼多的將才為自己打天下；劉備關心屬下，講義氣，所以才能有那麼多的人跟隨，助他三分天下，李廣將軍把自己的屬下當自己的孩子看待，所以在軍中才會有威信。反之，一個人如果只考慮個人的利益得失，則只能讓關係網破裂。曹操因為奉行「寧可我負天下人，休教天下人負我」的座右銘讓本來想和他一起闖天下的陳宮離他而去，自私的行為對關係網只有破壞作用。

（2）要講誠信

誠信是人的立身之本，是與人交往的最基本的原則，失去了信用就等於失去了一切，沒有什麼比失信更能破壞友誼了，一個不講信用的人怎麼能夠得到他人的信任呢？誠信就像一列直通車，是心靈溝通的最佳路徑。

（3）不要小看任何人

不要小看任何人，每個人都有他存在的價值，或許那個你很不屑的人會對你的將來有幫助。所以不要小看任何人，要給自己留點餘地。每個人都希望自己被尊重、被肯定，否定別人可以說是某種程度上的不尊重，你不尊重他人，同樣也得不到他人的尊重。

（4）要禮尚往來

禮尚往來是人際社交的一項重要內容，「禮輕情意重」，朋友之間的禮尚往來不僅可以使我們體會到人間的溫情，還可以帶給彼此歡樂。但是給人送禮也要講究方法，在不經意間給朋友帶點小禮物，會讓他記在心裡，在你需要他幫助時他也會竭盡其力的去幫助你，禮物送在用不著朋友的時候才能盡顯威力。當你有事相求的時候才想起送禮物，則會犯遠水救不了近火的錯誤，即使你的禮物再貴重，人家也未必會給你方便，所以關係網的維護要功在平時。

(5) 要善於傾聽而不是訴苦

善於建立良好人際關係的人都有一個特點，就是善於傾聽，能認真的聽別人說話。認真聽別人訴說不僅是對人的一種尊重，也能激發別人說話的欲望，在認真聽別人訴說的過程中你可以加深對對方的了解，而且別人願意向你訴說就表示你是值得信任的。但如果我們總是喜歡訴苦抱怨的話，那只會讓人對你敬而遠之了，因為不良情緒會傳染，沒有人想要浪費時間聽你的抱怨，讓自己不快樂。

(6) 貪小便宜是大忌

貪小便宜是為人處事的大忌，人們最討厭的一類人就是喜歡占別人小便宜的人，因為你總占別人便宜，而別人從你這卻得不到好處，這樣的關係能長久嗎？人與人之間互惠互利，關係才能穩定、長久，如果總想占小便宜，在一時你或許可以得利，但未來的機會會越來越少，所以貪小便宜吃大虧，總是貪朋友的小便宜只會對你有害而不是有利。

(7) 記住他人的名字

名字是一個人的符號，代表著一個人的榮與辱、貴與賤、成與敗、得與失……對於我們每一個人來說，自己的名字是最特殊的詞彙，如果你的名字被一個只見過一次面的人記住，那麼你肯定會很高興，因為這基本上是對你的一種讚美，沒有人會因為自己受重視而感到不高興，所以，記住別人的名字是拓

展人際關係的又一重要法則。

　　與人交際的能力是要靠後天培養的，而不是天生的。社交是一門大學問，包含著大大小小的處世學問，而每個問題對人生的成敗都至關重要，所以要盡心織好你的關係網。

留一手絕招，嚇倒「敵人」

　　在為人處世的過程中，如果我們不懂得留一手，那麼恐怕最後會被別人的陰招擊傷。一些聰明的人為了防止不測，總是會給自己留一手。因為只有當你的手中留有一個絕對可以制勝的法寶時，才能有效的防止他人的不鬼之心，這樣的話你在任何時候都可以做到處變不驚，可以靜觀其變，最後找到時機，全力出擊，力挽狂瀾。

　　傳說貓要做老虎的師傅，打算教老虎如何發威、怒吼、卷尾巴等等，但是當時貓考慮到老虎比自己大很多倍，如果教會他這些本領之後，有一天他反撲自己該怎麼辦呢？於是貓就保留了一招爬樹的技巧。

　　果然，到了最後老虎覺得自己已經把本領都學到手了，就開始翻臉了。有一天老虎一怒之下就想要撲咬牠的貓老師。結果貓「嗖」的一下就爬上了樹，老虎沒有想到貓私底下還留了一手絕活，最後老虎只能望著高高在上的貓沒有辦法。

　　在實際生活中，透過留有一手最後獲得成功的例子也是比

比皆是。

在美國有一位大富翁范德比，在他七十九歲的那一年失去了自己的妻子，但是一年之後，范德比又新找了一位妻子，而這位妻子竟然是一位芳齡十八歲的美貌少女。

世界上沒有傻子，這位女孩之所以能夠和范德比結婚，並不是真正喜歡他，而是喜歡他的遺產。於是這個女孩對范德比提出了一個條件：「你娶我可以，但是一定要讓整個紐約都知道我是你的合法妻子。」當然，這位女孩這麼做的目的就是怕范德比死後不認帳。

在結婚那天，可以說婚禮的場面是宏大至極。范德比當時雇傭了紐約市兩個樂隊，一個在前面，一個在後面。而范德比和這位女孩則坐在一輛六匹馬拉的馬車上，在紐約市的主要大街遊行，結果所到之處全部都是圍觀的人群。

白天的婚禮結束了，晚上在準備睡覺的時候，范德比一本正經的對這位女孩說道：「親愛的，我們現在已經成為親密而合法的夫妻了，為了避免你為自己的以後擔憂，也為了避免一些麻煩的事情，所以我現在就把遺囑寫好了，你看看。」

結果這位女孩子拿起來一看，只見上面寫道：「如果我婚後一年去世，那麼夫人可以獲得遺產十萬美元；如果我在婚後兩年內死了，那麼夫人可以獲得二十萬美元；如果我在婚後三年內死了，那麼夫人可以獲得三十萬美元，以此類推。」

第七章　現實真的很現實

　　當這位女孩看完之後內心真是涼了半截，因為她之前本來想讓范德比早點死的，因為這樣她就可以盡早得到范德比的遺產了。可是這位女孩怎麼也沒有想到這個老傢伙居然會想出這麼一個遺產的演算法。

　　我們應該留一手絕招，做到防患於未然，這樣才能夠讓我們少吃虧，從而避免被別人暗算，保全自己。

第八章

人人都怕受傷，你也是

第八章　人人都怕受傷，你也是

你怎麼能當濫好人

　　做個大家公認的好人固然是好，但是做好人也要有限度，不要濫用了你的仁慈，尤其是對待對手。如果對待敵人的時候也搬來你的那些所謂的仁義道德，那麼最終受傷害的只能是你自己。競爭是殘酷的，沒有人會在戰場上跟你講仁義。春秋五霸之一的宋襄公就是這樣的一個「濫好人」，在爭奪盟主之位時，頻頻講他的仁義道德，導致屢次失敗，留下終身的遺憾。

　　春秋時期，齊桓公任用管仲為相最先成為霸主，齊桓公去世後，宋襄公一心想成為霸主，但是支持他的人沒有幾個。宋襄公不自量力，認為自己平定了齊國之亂，有足夠的威信稱霸諸侯，就想會盟諸侯確定自己的盟主地位，但是支持他的只有比宋國還小的幾個小國。宋襄公想取得齊國和楚國的支持，就派使臣去齊國和楚國商量會盟的事，但是卻被楚國利用。

　　周襄王十三年（西元前六三九年）春，宋、齊、楚三國國君相聚在齊國的鹿地。宋襄公自認為盟主之位非己莫屬，自作主張擬了一份在宋國會合諸侯，共扶周天子王室的通告，並把時間定在當年秋季。楚成王和齊孝公兩人對宋襄公的這種做法很不滿意，心裡很不痛快，但礙於情面，還是簽了字。

　　宋襄公是個講仁義的君主，他把仁義看得比自己的生命還重要。他認為所有的人都和他一樣講仁義、講信用，不料被楚

成王算計，還險些在戰場上丟了性命。

周襄王十三年秋，宋襄公和楚成王因爭論誰有資格當盟主，發生了爭執，楚成王不講信義，說好會盟不帶一兵一卒，但是跟隨楚成王來的侍者個個脫去外衣後都是內穿鎧甲，手持兵器的士兵。楚成王令楚兵把宋襄王拘押起來，浩浩蕩蕩殺向宋國，在宋國的頑強抵抗下楚國才沒有得逞，之後，楚成王把宋襄公押向了楚國，後來在齊國和魯國的求情下，才放了宋襄公。

自此，宋襄公便對楚國懷恨在心。但由於楚國軍事力量強大，他也沒有辦法報仇。宋襄公聽說鄭國最積極支持楚國當盟主，便想討伐鄭國來出一口惡氣。周襄王十四年，宋襄公借鄭文公拜見楚成王之際，不顧公子目夷與大司馬公孫固的反對，出兵伐鄭。鄭文公向楚國求救，接到信報後，楚成王沒有直接去救鄭國而是直奔宋國。宋襄公慌了手腳，顧不上攻鄭，帶兵往回趕。

待宋軍在泓水邊紮好營盤，楚國的兵馬也來到了對岸。公孫固對宋襄公說：「楚軍到此只是為救鄭國。我們已經從鄭國撤軍。他們的目的已經達到了。我們兵力小，不能硬拼，不如與楚國講和算了。」宋襄公卻說：「楚國雖然人強馬壯，可缺乏仁義。我們雖然兵力單薄，卻是仁義之師。不義之兵怎能勝過仁義之師呢？宋襄公又特意做了一面大旗，並繡有「仁義」二字。

要用「仁義」來戰勝楚國的刀槍。

　　第二天天亮，楚軍開始過河。公孫固向宋襄公說：「楚軍白日渡河。等他們過到一半，我們殺過去，定能取勝。」宋襄公卻指著戰車上的「仁義」之旗說：「人家連河都沒渡完就打人家，那算什麼仁義之師？」等到楚軍全部渡完河，在河岸上布陣時，公孫固又勸宋襄公說：「趁楚軍還亂哄哄的布陣，我們發動衝鋒，尚可取勝。」宋襄公聽到此話不由罵道：「你怎麼淨出歪主意！人家還沒布好陣，你便去打他，那還稱得上是仁義之師嗎？」宋襄公的話才說完，楚軍已經布好陣，列隊衝了過來。宋軍大亂。宋襄公在最前面，卻陷進了敵陣，被箭射中大腿。由於宋襄公是個講仁義的人，對待下屬十分好，所以他的屬下都拼死保護他。而那桿「仁義」大旗，早已不知丟在何處去了。

　　春秋時期，風雷激盪，烽煙四起，戰火連天。在這種亂世，宋襄公不切實際的空談仁義，為了那迂腐的人生準則，在政治鬥爭與軍事鬥爭中處處被動，宋襄公的仁義讓他多次受辱。講仁義固然是好，但是如果對敵人也講仁義，那未免有些太愚蠢。對君子講仁義，可以使道德之風盛行，如果對敵人講仁義，只能像宋襄公一樣處處受挫。對待敵人，宋襄公卻大舉仁義之旗，未免有些可笑。

　　「仁慈」是一個人的美德，會為你贏來更多的朋友，讓他人甘願追隨你，但是濫用仁慈，只能讓自己處於被動的境地。所

以對待朋友以及君子要講仁慈，但是對敵人以及小人則要狠下心來，不能濫發慈悲。

日久見人心，交友要慎重

你是否認為，所有你喜歡的人都能作為你的朋友？你是希望自己的朋友越多越好，還是只有那麼幾個？真情顯於患難，知交篤於貧困之中。我們期盼恆久的友誼。能夠越經患難愈顯珍貴，但友情還是會遭到無情的踐踏和破壞。

對一個人來說，選擇朋友至關重要。一個人接觸的朋友的好壞，往往會對他產生影響，好的朋友可以不斷的幫助你上進，而「不好」的朋友則會拖你下水，在下面的這個案例中，徐娜娜就是因為結交了不好的朋友而導致她的外婆死亡，坐了牢，一個未成年少女的將來就這樣被毀了。

「因為我交上了壞朋友，而害死了我的祖母，祖母我對不起您……」徐娜娜泣不成聲。

鐵窗下關押著一個未成年女犯，名叫徐娜娜。徐娜娜長得很標緻，從小就很討人喜歡，又是家裡的獨生女，他的父母對她非常的嬌慣和溺愛。因此，從小她就養成了懶惰、任性的壞毛病。

徐娜娜上學後，課業上不用功，成績很差，還經常蹺課，所以國中沒上完就輟學了。離開學校後她更是像脫了韁的野

第八章 人人都怕受傷，你也是

馬，肆無忌憚的闖社會，父母對她只有無奈。在社會上，他認識了幾個不三不四的男孩子，很快學會了抽菸喝酒，還經常上舞廳，進網咖。一天，他與其中的甲和乙兩個人去電子遊樂場玩，在玩的過程中，甲某和正在打遊戲的丙某因發生口角打了起來，甲某一氣之下抽出隨身攜帶的水果刀就朝丙刺去，因刺中要害，丙當場斃命。

發生這樣的事情，把在場的娜娜給嚇壞了，於是甲就威脅娜娜說：「你現在是跟我們拴在一根繩子上的螞蚱，快跟我們一起走。」於是就拉著她倉皇的上了火車，逃到了徐娜娜的祖母家。甲乙二人發現自己身上的錢花光了，就找老人「借錢」，老人拒絕，兩人竟然拔出了刀子朝老人身上刺去。他們搜走了娜娜祖母所有的錢和首飾，拉著徐娜娜搭著一輛計程車逃跑了，在逃跑的途中，他們被員警逮捕。

俗話說，「物以類聚人以群分」，你結交的朋友的品德的好壞會直接影響到你的行為，而且他們的好壞會直接影響你給他人的第一印象。好的朋友會在你困難的時候幫助你，會幫助你上進，而不是像案例中的甲乙二人一樣從事一些不良行為，竟為了錢害死了「祖母」。所以擇友一定要慎重，結交朋友要交那些品德好的，能對自己有所幫助的人。

管仲和鮑叔牙同是春秋時期的齊國人，是當時著名的政治家。管仲在鮑叔牙的幫助下，一步步走向成功，令他發出了：

「生我者父母，知我者鮑叔牙」的感慨，他們之間的友誼被視為典範，歷來被人們稱頌。

鮑叔牙與管仲年輕時經常來往。早年的時候，管仲家裡很貧窮，鮑叔牙和他一起做生意，鮑叔牙出的本錢多，管仲出的少，但是在分錢的時候管仲總是給自己多分，鮑叔牙也知道，但是他始終都對管仲很好，對此並沒有怨言。鮑叔牙的侍從卻不樂意了，就對鮑叔牙說管仲貪財，卻被鮑叔牙訓斥了一番，說管仲比自己更需要錢。

鮑叔牙後來侍奉齊國的公子小白，而管仲則侍奉公子糾，他們各為其主。公子小白爭奪王位勝出，即齊桓公。齊桓公登上王位之後公子糾被殺，管仲也被囚禁了起來。齊桓公登上王位，鮑叔牙立了大功，要任命他為相，卻被鮑叔牙拒絕了，向齊桓公推舉了管仲，說管仲比自己更適合當丞相。齊桓公不計前嫌拜管仲為相。管仲被任用之後，竭盡全力的輔佐齊桓公，幫助齊桓公成就了霸業。

有像鮑叔牙這樣的朋友管仲很知足，他說：「當初我貧困的時候，曾經和鮑叔一起經商，分財利時自己常常多拿一些，但鮑叔並不認為我貪財，知道我是由於生活貧困的緣故；我曾經為鮑叔牙做事，結果使他更加窮困，但鮑叔並不認為我愚笨，知道這是由於時機有利和不利；我曾經三次做官，三次都被君主免職，但鮑叔牙並不認為沒有才幹，知道我是由於沒有遇到

好時機；我曾三次作戰，三次都戰敗逃跑，但鮑叔並不認為膽小，知道這是由於我還有老母的緣故。公子糾失敗，召忽為他而死，我被囚禁起來受屈辱，但鮑叔牙並不認為我不知羞恥，知道我不拘於小節，而以功名不顯揚於天下為羞恥。生我的是父母，但了解我的卻是鮑叔啊！」

生活中，我們不能缺少朋友。在家靠父母，在外靠朋友，在你最困難的時候，往往是你的朋友幫助了你。有「心眼」的你千萬別遠離了朋友，要知道朋友是你人生中的一筆巨大的財富，是關鍵時刻拉你一把的靠山。

我們會無比懷念在困厄中朋友伸過來的建議的手臂，同樣也不會忘記自己付出的真誠被有些人無情的遺棄並加以利用。我們誰都沒有火眼金睛，識別一個人需要時間，需要在事情上看人，值得交往的，滴水之恩當湧泉相報，不值得交往的，就當是前世所欠，一笑置之。

真希望有荀巨伯這樣的朋友

《莊子》中指出：「以利合者，追窮禍患害相棄也。」就是說，因利害關係而相交的人，在遭遇困難逆境時，很容易背棄對方；與此相反，「以天屬者，追窮禍患害相收。」就是說，如果彼此相交的關係是建立在極為信賴的基礎上的，這種朋友關係即使是在逆境中，也能經得起考驗，彼此相互幫助，同舟共濟，患

難與共。這種友情越是在患難時則越顯珍貴；而因為利害關係而結交的人早晚會解散。

司馬遷的《史記》記載有個翟公，當他當廷尉時，賓客盈門，但罷官後門可羅雀。後來又當了廷尉，賓客又來。翟公就在大門上寫：「一死一生，乃知交情。一貧一富，乃知交態。一貴一賤，交情乃見。」生活就是這樣令人無奈，有些人結交朋友只知道利用別人，而自己卻很少為別人做些事情。那種在你遇到麻煩事，想到他自己的利益永遠比想到你的利益多，而且不管遇見什麼事情總是在為他自己尋找個人好處的人，永遠不會真心實意的與人交朋友，與這種人的朋友關係很難維持長久，所以交友一定要慎重，像這樣的人不能結交，更不能信任，與這樣的人相交要小心謹慎，保持距離。

苦難是人心的試金石，能一起患難的才是真正的朋友。《世說新語》中有一則〈荀巨伯探友〉的故事，故事中的荀巨伯寧可丟了性命也要讓自己的朋友在危急時刻離城而去，此舉感人至深，是忠於友情的一段佳話。

荀巨伯是晉代人，聽說朋友生病了，就大老遠的來看望朋友。當時正逢亂世，外族敵人入侵，打進了朋友所在的那個城鎮。敵人燒殺搶掠、無惡不作，百姓紛紛攜妻帶子，四處逃命。

在這種情況下，朋友勸荀巨伯趕緊離開，他說：「我註定會死去，你趕緊逃吧，還來得及，要不然敵人馬上就打進來了。」

第八章　人人都怕受傷，你也是

荀巨伯卻不肯走，他說：「我千里迢迢來看望你，你卻讓我離開，為了活命，把生病的朋友扔著不管，背棄道義，你把我看成什麼人啦，這哪裡是我荀巨伯應該做的！」荀巨伯堅持不走。

郡城陷落後，敵寇闖進了城，整座城的人該跑的都跑了，該殺的也被殺了，敵人闖進荀巨伯友人家時，看他很平靜的坐在那裡就很奇怪，問荀巨伯道：「整座城裡除了你倆都已經逃命了，你是什麼人，竟然還敢留下來？」荀巨伯回答道：「我的朋友重病，我不忍心丟下他一個人逃命，如果你們真要殺人的話，殺我好了，我願意代我的朋友去死。」聽了荀巨伯的話，敵人很震驚，想不到世間還能有這樣的友情，然後相視而言道：「我們這些不講道義的人，卻侵犯了這個講道義的國家！」於是就撤軍了，整個郡城也因此得以保全。

荀巨伯對友誼的忠誠真是感人，連敵人也被他感化了。人的一生中會有很多朋友，但是像荀巨伯這樣，在危難之際不願捨棄朋友的人並不多見。大多數的交情都存在著很大的利益關係，大勢已去，樹倒猢猻散，這在現實社會中算是正常。自己經歷的一些事，可以讓我們認識一些人，而透過一些人又可以讓我們看清一些事。

什麼是真正的朋友？真正的朋友並不是你如日中天時附結在你的周圍，恭維你，向你伸手的人，而是當你窮困潦倒時，能挺身而出，幫助你的人。他的幫助雖不能讓你擺脫困境，但

卻能給你增添力量和勇氣去應對困難，至少能給你心理上的溫暖。所以說，真正的友情是要經得起考驗的，就像大浪淘沙，越到最後越顯珍貴。

友情是建立在平等的基礎上的，真正的朋友會互相尊重，卻不互相吹捧；往來頻繁，但不過度親密，當朋友有難時則不逃避。真正的友情是建立在真摯的情感上的，而不是表面上的親近。真正的友情之間沒有利害關係，如果一旦介入利害關係那麼友情也就變質了。

算好人生加減法

《于丹論語心得》裡有這樣一段話：「一個人在他三十歲以前要用加法生活，也就是要不斷的從這個世界上收集他所需要的東西，比如經驗、財富、情感、名譽。但是，物質的東西越多，人就越容易迷惑。三十歲以後，就要開始學著用減法生活了，要學會捨棄那些不是你心靈真正需要的東西。」

園藝家說：「人生是加法。譬如一棵樹，開始只是一粒小小的種子，加了水和養分，就長出了苗；再加了枝，加了葉，加了花，加了果，就有了屬於自己的一片綠蔭，一份收穫。」雕塑家說：「人生是減法。就像一塊野外採來的巨石，需要反覆雕琢，減掉多餘的部分，才能夠成為一尊雕像，讓人們讚賞。」生活也是這樣，養料要加，我們才能生存下去，負擔要減，我們

第八章　人人都怕受傷，你也是

才可以跑得更遠。

　　像于丹所說，在三十歲之前我們要用加法生活，累積知識，賺取財富。知識要靠不斷的累積，你才可以更博學，財富要靠不斷的累積，你才能更富有。人生的加法有別於算術題，數學講究的是等量，一加一就只能等於二，而生活則不同，在生活中我們要使一加一遠遠大於二，要讓整體之和大於部分之和。曾經看過這樣一則小故事：

　　一位商人的兒子大學畢業了。一天，商人問兒子：「芝麻多少錢一斤？」「七元。」兒子回答。「那一斤白糖呢？」「大約三元。」商人又問道：「一斤芝麻加一斤白糖值多少錢？」「十元」兒子乾脆的答道。「只有十元嗎？」商人嚴肅的問道。兒子不解，問道：「七加三不正好等於十嗎？」商人說：「七加三是等於十，但一斤芝麻加上一斤白糖的價值遠不止十元，用他們可以做成芝麻糖，這樣，芝麻糖就可以賣到二十元了。」最後，這位商人告訴自己的兒子：「生活給了你一斤白糖，那不只是一斤白糖；生活給了你一斤芝麻，也不只是一斤芝麻；它們的附加價值就全靠你的智慧去創造。」

　　如商人所說，生活給予我們的不僅僅是一斤芝麻或者一斤糖，我們要用自己的智慧去創造更多的附加價值。但是人生不僅僅只有加法，就像數學題中加法不能解決所有的算術題一樣。在生活中我們既要懂得加也要懂得減，一些可能會阻礙我

們發展的我們應該減去，捨棄一些累贅我們就可以減少一些負擔，才有可能發現更好的。

　　松下是日本著名的電子製造商，是全球五百強企業。於一九一八年創建，創建之初只是一個由三人組成的小公司，經過幾代人的努力如今已經發展成為世界著名的國際綜合性電子技術企業集團。

　　松下的成功發展與其知進退的經營策略有很大的關係。自創業以來，松下始終以提高和改善社會生活，為世界文化的發展做貢獻為己任，積極研究開發新技術。一九四六年世界上第一臺電腦誕生，掀起了電腦革命。松下也投入了對電腦的研究。但卻在一九五七年放棄了。當時，松下研究大型電腦專案已長達五年，投入資金十五億日元，消息一傳出，日本上下無不為之震驚。因為松下推出的兩臺樣機技術都十分先進，不久就可以進行市場推廣和大規模的生產。

　　原來是因為前不久美國大通銀行的副總裁訪問松下時，話題不自覺的就轉移到了電腦上。當通用副總得知日本那時包括松下在內，共有七家公司生產電腦時，不由得吃了一驚。他說：「在我們銀行貸款的客戶當中，電腦行業發展得都不是很順利，電子電腦部門幾乎赤字，企業沒有破產是因為其他部門盈利。就以美國來說，除了 IBM 以外所有公司的電腦專案都在縮減，而目前日本就有七家，恐怕是太多了吧！」通用副總的話引起了

松下幸之助的思考，權衡利弊之後，他毅然決定放棄電腦產業。

如果不放棄電子電腦的生產，松下還要在電腦這個專案上繼續投資將近三百億日元，放棄雖然損失了十五億日元，但是卻避免了更大的損失，後來松下更加專注於家電及通訊事業的發展，使松下逐步成長為當今世界的電器王國。

成功學大師卡內基說：「不習慣失去，害怕失去，是不成熟、不理智的表現。這類人看上去雄心勃勃，富有進取心，既想名利雙收又想無所不為，實際上他什麼都做不成。」人不能過於刁鑽的盲目執著，盲目執著有時會使你陷入一條死路，學會適當的捨棄，或許你會有更多的新發現。就像松下一樣，捨棄一些才能得到更多。

人生就是不斷的在加減中尋求進步，加法讓我們學會累積，增補人生的厚度；減法教會我們捨棄，即是剔除人生的累贅。人生很寬泛，也很瑣碎，人生的加減法處處皆可用。增加人生的體驗，增加人生的寬度和厚度，這是成功和幸福人生的必備；減少人生的單薄，減少人生的煩憂和浮華，這也是成功和幸福人生的基礎。讓生活多一些成功，少一些失敗，多一些收穫，少一些損失，算好人生加減法，把握人生的每一步，讓生命之花永遠綻放、美麗。

沉默是金，但不是真金

　　人們喜歡謙虛的人，一個人不管多麼有才華，多麼有能耐，自己說了往往都不算數，被人發現了才是一塊金子，如果過於鋒芒畢露還會招來非議，因此人們將「沉默是金」視為至理名言、人生寶典。謙虛謹慎固然是好，但是在人才多如牛毛的現實社會，如果你不懂得藉機表現自己，只做「謙謙君子」，那麼懷才不遇的佇列中又多了一個人，要想自己有機會就必須說出來，敢於和別人競爭，就像是小嬰兒餓了，哭出來才會有奶吃一樣。

　　與其抱怨自己懷才不遇，倒不如找找機會適當的表現自己，只有表現自己才能改變現狀，因為人們對事物的判斷往往不會根據他們實際上是什麼，而是要看他們看起來像什麼，人不僅要有才能，而且還要善於適時表現自己，這樣才是真正有能力的表現。

　　漢武帝初年，廣招天下賢良和有文學才能的人，一時間各地士人、儒生紛紛上書應聘，毛遂自薦者多如牛毛，東方朔也給漢武帝遞了一份自己的履歷，他的履歷用了三千片竹簡，要倆人才能扛得動，這要是放到現在可能 HR 們看都不會看一眼，但是漢武帝覺得這份履歷很特別，花了兩個月的時間才把它讀完。

第八章　人人都怕受傷，你也是

　　他在自薦書中寫道：「我東方朔，很小的時候就失去了父母，由兄嫂撫養長大。我十二歲時開始讀書，勤奮刻苦，三年的時間讀的文史知識已經夠用了。十五歲學擊劍，十六歲學《詩》、《書》，讀了二十二萬字，十九歲學孫武兵法和戰陣的布置，這方面的書也讀了二十二萬字，懂得各種兵器的用法，以及作戰時士兵進退的鉦鼓。算起來我總共讀了有四十四萬字。現在我已經二十二歲，身高九尺三寸，兩隻眼睛炯炯有神，像珠子一樣明亮，牙齒整齊潔白的就像是編排有序的貝殼。我像孟賁一樣勇敢，像慶忌一樣敏捷，廉儉像鮑叔，信義像尾生。像我這樣的人，夠得上做天子的大臣吧！」

　　漢武帝讀了東方朔的自薦書很欣賞他的勇氣和氣概，東方朔被錄用了，就讓他待詔在公車署中。但是公車令不僅見不到皇上，而且俸祿也很少。東方朔對自己的現狀很不滿意。為了盡快改變自己的處境，讓皇帝盡快召見自己，他想了個辦法嚇唬幾個給皇帝養馬的侏儒，就對他們說道：「你們幾個怎麼死到臨頭了還這麼快活。」侏儒們問：「此話怎講？」東方朔一臉嚴肅的說道：「皇上說你們這些人既不能種田，又不能打仗，更沒有治國安邦的才華，對國家毫無益處，因此打算殺掉你們。你們還不趕快去向皇帝求情！」侏儒們經不起嚇，就趕緊跑去向皇上求情。漢武帝覺得莫名其妙，問清事情的原委才知道是東方朔搞的鬼。

　　沒想到漢武帝真的召見了東方朔責問他。東方朔一本正經的答道：「我是不得已而為之，臣高九尺，侏儒才三尺，而我們拿得俸祿卻一樣多，侏儒飽欲死，臣朔飢欲死，總不能撐死他們而餓死小臣吧！聖上如果不願意重用我，就乾脆放我回家，我不願再白白耗費京城的白米。」漢武帝聽後哈哈大笑，就任命他待詔金馬門，不久又被提拔為侍郎，這樣東方朔就可以常常看見皇帝了。

　　東方朔本來是一介平民，但他卻會把握機遇推銷自己，他的自薦書雖然都是些自誇的語句，顯得很自負，但是從用人的角度看問題，他卻是才華橫溢的表現，試想如果東方朔在自己的自薦書上一味的謙虛，說自己才疏學淺，那他還有機會被聘用嗎？就說大學生剛畢業，既沒有工作經驗也沒有社會經驗，說得難聽點，在社會上你就是一張白紙，如果在求職的時候不把自己的才能展現出來，不在履歷中寫明，那用人公司怎麼會聘用你呢？一張沒有亮點的履歷在篩選的時候就會被淘汰。

　　有些人儘管很優秀，但是卻很難出人頭地，原因就是太沉默，不懂得推銷自己，就像莎士比亞說的，「只有在我們展現出自己的風采，運用自己的天賦『光照世界』的時候，天賦才會成為天賦。那麼為什麼你還要掩飾自己的才能呢？就讓才華的火炬熠熠生輝，用熊熊的火焰照亮這個世界吧！」人要學會推銷自己，這樣你的才能才可以為人所知，你才會有機會被重用。

第八章　人人都怕受傷，你也是

遠離自卑，自信讓你再放光芒

　　自卑心理產生於人的每一個年齡階段。一般情況下，自卑是因為個人的某些生理缺陷或者是心理缺陷而產生的過多的自我否定的結果，是個人不能正視自己，不能接受自己的某些缺陷的結果，是一種缺乏自信心的表現。有自卑心理的人自我評價較低，總認為自己會失敗。自卑是影響交往的嚴重的心理障礙，它阻礙一個人與其他人交往。因此，要克服自卑心理。

　　人自認為是怎樣一個人，比他真正是怎樣一個人更為重要，因為每個人都是按他認為自己是怎樣一個人而行動的。自卑者正是自認為自己能力差，從而表現出更多的自卑心理，產生自卑感的。而那些能夠克服自卑心理的人則能正確的認識自己，透過後天的努力建立自信心。

　　黃美廉，一個腦性麻痺患者，卻從來不過度自卑，她說：我不是殘缺的人，真正殘缺的人是心理上殘缺的人；上帝是公平的，對任何人都有美好的旨意，我雖然軟弱、不健全，不過比起整天只會埋怨的人我健康多了，只要有信心，天下沒有殘缺的人，就怕你認為自己殘缺而放棄了希望。

　　「我只看我所有的，不看我所沒有的。」

　　這句經典的話出自臺南著名身心障礙者畫家黃美廉。出生時，由於醫生的疏忽，造成黃美廉腦部神經嚴重受損，使她

的臉部及四肢的肌肉無法正常工作，父母抱著軟軟的她四處求醫，得到的卻都是無情的答案，甚至有醫生判定她活不過六歲，但是她在父母的關愛下，沒有向命運屈服，也沒有落後於任何一個正常人，她取得了美國加州大學藝術博士的學位，成為了一名畫家，此外，她還是一名作家。

黃美廉的臉部扭曲，嘴向一邊歪斜，還流口水，不能說話，她的四肢沒有平衡感，手腳會經常亂動。她無法像其他小孩子一樣享受快樂的童年，還要面對別人異樣的眼光，有些小孩子嘲笑她，欺負她，她越是生氣，那些小孩就越是得意。六歲的時候，她還不能走路，她的媽媽聽說患腦性麻痺症的人到了二、三十歲仍然是在地上爬，媽媽無法想像她的未來，絕望的想把她掐死之後再自殺。但是奇蹟出現了，在父母的悉心照料下，她的四肢漸漸的有力量了，能自己吃飯，自己走路，雖然一拐一拐的，但總算跨出了人生的第一步。

父母的關愛帶她渡過了生命中的每一個難關。上學對黃美廉來說是一場可怕的惡夢，上一年級時她無法拿筆，她的媽媽總是握著她的手，耐心的教她寫字，經過努力練習，一年後，她終於學會寫字。小學二年級時，她的老師馬治江在看到黃美廉的作品後，極力稱讚他很有繪畫天分，馬老師的賞識，讓她重拾信心，也是黃美廉向繪畫方向發展的動力。之後她更加努力學畫，一步步邁向藝術殿堂。在她十四歲的時候，全家移民

第八章　人人都怕受傷，你也是

到了美國，進入洛杉磯市立大學就讀，之後轉至洛杉磯加州州立大學藝術學院，取得博士學位，成為了畫家。

很多人在遇到挫折時都會自暴自棄，黃美廉身上有那麼多先天的不足之處，她比任何人都自卑，但是她卻是自信的。當有人問她是否自卑過時，她說：「自卑是很正常的情緒之一，但如果過度自卑，就是一種病態了。我比一般人好像更容易自卑，但我已接受我自己，所以，我習慣別人對我的眼光，我也能拒絕有些不好的眼光，這些根本傷害不了我，加上我有信仰，這使我更有自信，所以我不會過度自卑。」

一次，黃美廉在演講時，有個學生貿然的問道：「黃博士，你從小就長成這個樣子，你會認為老天不公平嗎？在人生的旅途上，你有沒有過怨恨？」對於一個身患殘疾的人來說，這個問題是尖銳的，大家害怕黃美廉感到難堪，可是黃美廉卻微微一笑，轉過身在黑板上寫道：我怎麼看我自己？之後給出了答案：

一、我很可愛

二、我的腿很長、很美

三、爸爸媽媽很愛我

四、上帝會公平的對待每一個人

五、我會畫畫、會寫稿

六、還有很多的生活方式讓我去熱愛

……

最後她說：「我只看我所有的，不看我所沒有的！」

黃美廉的每一句話都彰顯著他的自信。臺下一片雷鳴般的掌聲。

強者不是天生的，強者也並非沒有軟弱的時候，強者之所以成為強者，在於他善於戰勝自己的軟弱。

不要太相信別人，給自己留張底牌

馬基雅維利說：「不要絕對信任今日的朋友，因為明日他們或許就會變成敵人，而且是最惡劣的敵人。」人不能絕對的信任任何人，因為，你交朋友是真心誠意的，既不會利用朋友，更不會陷害朋友，但是來和你做朋友的人未必是出於真心，尤其是財多者或者是位高權重的人，更是不能絕對的信任任何人，你不能排除他與你交朋友沒有心存壞意。要留個心眼在朋友身上。

信錯人是一輩子都沒有辦法挽回的遺憾，因為這樣的人有可能會在你最需要人幫助的時候離你而去，在你最失意的時候在你背後捅上一刀，讓你永世不得翻身。齊桓公就犯了這樣一個錯誤：

齊桓公是春秋五霸之首，少年得志，在管仲和鮑叔牙的輔佐下成就了霸業，在位長達四十三年。但是聰明賢明的他卻因為幾個他最信任的佞臣而死的很慘。

第八章　人人都怕受傷，你也是

　　齊桓公身邊有三個受寵的小人，一個叫易牙，是一個廚子，為了討好齊桓公竟然可以殺了自己的兒子給桓公做菜吃；一個叫豎刁，為了進宮服侍桓公竟然可以自宮；還有一個叫開方的人，本來是魏國的世子，桓公成就霸業後，為了跟隨桓公，竟然捨棄了自己繼承王位的機會。

　　管仲在臨死之前曾經告誡齊桓公，這三個人不可用，要驅逐他們，不然這三人將成後患。管仲勸桓公說：「連自己的骨肉都不愛的人，怎麼會去愛別人；不愛護自己身體的人也不會愛別人；一個連自己國家都不要的人必定有更大的貪圖。」桓公聽了管仲的話，管仲死後，把那三個人趕走了，但沒過多久又找了回來。管仲不在了，這三個人更加肆無忌憚起來，專權用事。

　　桓公和管仲曾把公子昭立為世子，但是因為幾個王子都是庶出，地位平等，所以個個王子都想要繼承王位。公子無虧出於長衛姬，易牙和豎刁都與衛姬關係親近，上書請求立無虧為世子。後來齊桓公認為公子昭賢明，在葵丘會上將他託付給了宋襄公。

　　扁鵲三見齊桓公，桓公不聽，扁鵲見桓公的病已經沒辦法治了，就逃走了。沒想到桓公後來果真是一病不起。如管仲所料，那三個人的本性露出來了，侍奉桓公是假，有所圖謀是真，個個心懷鬼胎。易牙和豎刁與公子無虧勾結，假傳聖旨，既不讓人探視也不給桓公吃的，連杯開水都不給。易牙和豎刁

竟然在桓公的寢宮周圍築起了三丈高牆、塞斷宮門，桓公左右的侍衛也都被趕出。

齊桓公病臥在床，叫身邊的人，沒一個答應，他的一個妃子偷溜進來看他，桓公說：「我非常餓，可不可以給我弄點粥來。」妃子歎氣道「沒地方弄啊。」桓公說「那熱水也好啊！」妃子又歎氣說「也沒有啊。」桓公問為什麼，妃子才告訴公子無虧勾結易牙和豎刁作亂。桓公歎氣大叫：「沒有聽仲父的勸告，寵信這三個人，我才會有今天的下場啊！」於是吐血數口而亡。

古人云：「君子之交淡如水，小人之交甘若醴。」真正的朋友之間沒有吹捧和奉承，那些在你得意的時候巴結你、奉承你、討好你的人必定是對你有所圖，而不是想要和你真誠的做朋友，那些沒有真心的人表面上與你親近，嘴上說對你忠誠，但是你們之間一旦有了利害衝突，或者你失勢了，這些人不僅不會去幫助你，反而更可能對你落井下石，置你於死地來謀取他個人的利益。與人相交要有所保留，話要說三分，心也要拋三分，人性複雜，如果你一下子就把心掏出來給對方，那受傷的人只能是你。

人都有劣根性，你把心全掏給他，卻得不到尊重，還會把你看得很輕；相反如果你待他冷淡些，他反而對你又敬又怕。就是說，這種人不會珍惜太容易得到的感情，與這樣的人交朋友不是很不值得嗎？強調待人要真誠，這是對君子來說的，對

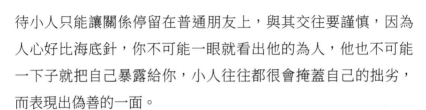

待小人只能讓關係停留在普通朋友上，與其交往要謹慎，因為人心好比海底針，你不可能一眼就看出他的為人，他也不可能一下子就把自己暴露給你，小人往往都很會掩蓋自己的拙劣，而表現出偽善的一面。

世上品德高尚的人很多，但是卑鄙的小人也不少，有些人就屬於心機很重的那種，為了達到自己的目的什麼手段都能做得出來。所以，為了自己好，在沒有充分了解一個人的前提下，不要輕易的相信任何人，說話、做事要多一個心眼，也就是說要給自己藏點私心，不要把整顆心都送給別人。不要一見到別人就恨不得把一切都給他，凡事都要拿捏適當，留點心眼給自己只有好處沒壞處。當然，給自己留一手不要濫用感情。所以，對人對事需理性一些，一時的頭腦衝動可能會毀了你自己。

自立自強，不當「啃老族」

對於一個人來說，唯一可靠的、實際的與長久的生存之道，就是依靠你自己，依靠你自己的勇敢和才能去創造屬於你的未來。

有人認為，能有一個可以依靠終身的人是多麼幸福的事啊！不用自己努力就可以衣食無憂。但是你有沒有想過，如果你所依靠的人離你而去，那你又怎麼生活。依靠他人生活是生

活中最危險的事情，一個人必須要學會自立，習慣於依靠別人的人只能算作是半個人，因為他總是在按照別人的軌跡生活，從來沒有過自己真正的生活。

平淡的生活雖然是每個人都嚮往的，但人生不免會有一些挫折和苦難。遇到困難，如果只想依靠他人的幫助去解決，那樣是解決不了根本問題的，別人提供給你的永遠只能是幫助，而不是保障，要想自己的人生有保障，想要擁有屬於自己的幸福，那只能靠自己。一個人要學會獨立，在自立中自強。

有一個女人天生就沒有手臂，出生時險些被母親扔到大海，是在父親的挽留下才留了下來，但是沒有雙臂的生活是不便的，而且還要面對別人異樣的眼光。為了不連累家人，自己能做自己想做的事情，她決定，讓自己的雙腳代替雙手，就這樣他用自己的腳譜寫了一段不一樣的人生。這個女人叫任吉美。

任吉美出生在一個普通的漁民家庭裡，出生時，母親見她沒有雙臂，本打算把她扔到海裡，是父親的一句話救了她（就當家裡養了一條小狗）。沒有雙臂註定要比其他人活得艱難，不能自己穿衣，不能自己端碗吃飯，也不能幫家裡做家務事，母親害怕被人笑話，不讓她隨便出家門。任吉美覺得自己成了家裡最大的累贅。

但她沒有選擇自暴自棄，也沒有選擇放棄過正常人生活的權利，她決心要像健全人一樣生活。她常常趁家人不在時練腳

工，學著用腳洗臉、吃飯、寫字、拿東西，甚至還穿針引線學刺繡。從一開始笨拙的踢翻碗筷，到雙腳的運用自如，後來，她不僅可以完全自理自己的生活，而且有些事情比正常人用手做的還要熟練。她的腳可以開鎖，可以擀麵，能撿螃蟹，能包餃子還能種菜，她的刺繡，繡工精細，如一流手工。現在她還常常接到雜技團的邀請電話，請他去表演。

　　現年七十多歲的任吉美已兒孫滿堂，家庭幸福，生活美滿。「很多人曾經看不起我，可是我的日子過得並不比別人差。」老人自信的說：「能有今天，全靠自己自立自強。」任吉美靠著自己的自立和自強創造了屬於自己的幸福生活。

　　自立、自強是一個人必須要有的精神，當然還要自信、自尊，這樣不管面對什麼樣的困難你都可以挺過去，即使沒有人幫助你，你也可以走出困境，靠自己生活。在這個世界上能真正幫助我們的人只有我們自己。如果你說，我有父母可以依靠，有親人有朋友相助，那麼他們都離開你了怎麼辦？現實生活中，像任吉美一樣身殘志不殘的人能靠自己的力量活得很好，反倒是一些身體健全的人卻不能很好的生活下去。

　　真正決定自己命運的只能是自己，父母辛辛苦苦把你拉扯大，你怎麼還好意思扯他們的後腿，一個成年人必須靠自己生活，給父母盡孝，而不是當一個「啃老族」。如果一個人不懂得靠自己生活，即使父母留給你一座金山銀山也不夠你揮霍。如

果你沒有自己生活的能力，那劉後主就是你的榜樣，儘管有像諸葛亮那樣的能人依靠、照顧，也終究成不了大事。任何成功都是靠自己的努力和機遇，跟別人的暗地照顧沒有決定性的關係，天道酬勤，只要你一心向善，執著拚搏，生活一定會「芝麻開花節節高」。

第八章　人人都怕受傷，你也是

第九章

自己的嘴巴，自己管好

高帽子也不能隨便戴

在日本有一句很著名的格言：「如果給豬戴高帽子，豬也會爬樹。」這句話聽起來雖然有一些誇張，但是卻告訴我們一個道理：當一個人能夠得到別人的讚揚和鼓勵的時候，他就會產生一種發揮巨大欲望的力量。如果你希望自己能夠在這方面有所提高，那麼就一定要具有這方面的優秀素養。

莎士比亞也曾經說過：「假如你不具有某種美德的時候，那就假設你已具有。」

給別人戴高帽子的人，往往是希望透過這頂高帽子能夠為自己贏得更多的利益。我們為了自己的這些利益，多送別人一些高帽子吧，這樣做事才可以達到事半功倍的效果。

當然，「高帽子」一定要戴得恰到好處，恭維的話更是要說得坦誠而得體。

而且高帽子背後戴要比當面戴的效果好，但是，對於不了解的人，最好不要先進行深談，要等到你發現對方喜歡哪一種讚美之後，你們再進行更深一步的交流，而最為重要的是不要隨便就給人戴高帽子，因為也有人是不吃這一套的。

在清朝《一笑》裡面記載了這樣一個故事。

在古時候，有一個人非常喜歡給別人戴高帽子，而且有一次甚至當眾說道：「我雖然不才，但是我卻非常了解奉承之道。

我還有一個願望，就是要把一千頂高帽子戴給我最先遇到的一千個人，到目前為止我已經送出了九百九十九頂高帽子，現在只剩下最後一頂了。」

這個時候有一位長者聽完他的話頻頻搖頭，說道：「我就不相信了，你這最後一頂高帽子是無論如何也戴不到我頭上的。」

這人聽完老人的話之後，忙拱手拜道：「老人家您說的極是。我從南到北，可以說闖蕩了大半輩子，但是像先生您這樣秉直、不喜歡被人奉承的人真的是太少見了。實在是讓晚輩敬佩。」

當這個老頭聽完這個人的這些話之後，頓時得意的摸了摸自己的鬍鬚，哈哈大笑道：「你還真算得上是了解我的人啊。」而這個人聽完這句話之後，也立即哈哈大笑起來：「恭喜恭喜啊，我這最後一頂高帽子算是給先生您戴上了。」

這個故事也告訴我們，從古至今是很少有人能夠拒絕「高帽子」的，而送高帽子的最高境界也就是在對方毫不知情的情況下給對方戴上，這樣的話，不管是戴高帽的人，還是被戴的人，都感到非常自在、受用。

日本曾經有一位非常著名的女作家佐藤愛子，在她還是妙齡少女的時候，她幾乎沒有讀過任何小說。而她在二十七歲和丈夫離婚之後的一天，她的那位當作家的父親再讀到她寫給自己的信時說道：「這個孩子可以寫書了。」

第九章　自己的嘴巴，自己管好

　　當然，最後也正是由於父親的這句話，使得佐藤愛子在自己處於逆境的情況下開始進入文壇，她每天都在不停的進行寫作，最後終於獲得了「直木獎」。

　　雖然我們每個人都知道戴高帽子很好，但是也要戴得合乎尺度才可以。

　　曉楠和琪琪在同一家展會公司上班，倆人業績差不多，但曉楠的經驗更豐富一些。但是老闆卻派琪琪去主會場，曉楠則去次會場。對此，曉楠很不服氣：憑著自己優秀的應變能力和推廣經驗，怎麼也應該是她去參加主會場，至於次會場那個展會無論是在規模上還是層次上，都和主會場沒辦法比。可是，老闆就是把去主會場的機會派給了琪琪。

　　後來才知道，是琪琪的馬屁拍的響，幾句讚美的話，加送一些禮盒就把飛往主會場的機票弄到手。更讓曉楠感到不平的是，月底的季度獎，琪琪比自己多拿了三千塊錢。三千塊錢不算什麼，可是卻代表著老闆對員工工作的認可程度。因此曉楠很氣憤覺得自己和這樣一位馬屁精做搭檔，再加上遇到一位吃馬屁的上司，真是倒楣透頂。

　　正當曉楠生悶氣的時候，琪琪卻在準備著與男友的約會，而老闆與家人則在品嘗琪琪從帶回來的土產，享受著被員工孝敬的得意滋味呢。

　　人是高級動物，除了要滿足物質需求外，還需得到精神上

的滿足，每個人都希望被讚美，被肯定、被尊重，被表揚，這是天性。曉楠與琪琪的競爭中，敗就敗在她不會討老闆歡心，不會奉承。

要想在現在的社會上立足，不能濫拍馬屁，也不能一聲不響，人要會拍馬屁才行。給他人巧戴高帽子，是成為一個受歡迎的現代人的必備手段，是建立良好人際關係的基石，更是事業成功的良性催化劑。巧妙的運用高帽，會讓你的上級欣賞你，讓你的同事幫助你，讓你的工作進展的更順利，同時也不失自己做人的尊嚴和修養，事業的成功也就離你不遠了。

別人對你的讚美往往容易讓你產生虛榮心，讓你有一種滿足感，但是當你發現他們有些言過其實的時候，你就會有一種被他們愚弄的感覺。所以，如果你控制不好這個尺度的話，那麼你就最好不要去進行恭維，不要隨便給別人戴高帽子。

要懂得拉關係

在現實的社會中，有時候與人交往拉關係是必要的，就好像是我們與別人聊天一樣。如果你是在和別人進行閒聊，那麼你們聊的話題一定要是對方喜歡的話題，這樣對方才會認為你能夠理解他，有一種志同道合的感覺，當然會很容易與你成為朋友。

拉關係的目的就是讓別人有一種被肯定的感覺，從而自身

的榮譽感也會得到滿足。心理學家透過研究發現，如果一個人能夠得到他人的肯定，那麼他會更容易接受你的觀點，當然也很容易與你成為關係密切的人。

李元的公司最近需要推出一個新的產品，需要為新產品做一系列的廣告宣傳，於是就有很多廣告公司來找李經理聯繫廣告宣傳的事宜。

有一天，一位廣告公司的王經理找到李經理的公司，當他走進李經理的辦公室就發現了辦公室牆上面掛著公司的標誌，於是張經理開口說道：「李經理，你們公司的商標設計得真不錯，不僅給人一種生機活力的感覺，而且還有一股激進人們奮進的力量，我真是越看越喜歡。」

李經理聽完之後說道：「是嗎，這個商標是公司剛剛成立的時候我親自設計的。」李經理說完後，又向王經理詳細介紹了自己當初設計這一商標的靈感以及色彩、比例資料等等詳細的資訊，可以說李經理的激動之情溢於言表。

到了最後，王經理自然談下了李經理公司新產品的廣告宣傳項目。原因就在於張經理一開始就透過讚美公司的商標，讓李經理得到了一種滿足感。

其實王經理成功的祕訣就在於，他在去拜見李經理之前就已經對李經理的情況進行了一番詳細的了解。當他一進李經理的辦公室就決定先從他設計的公司商標入手，這也就巧妙的讚

美了李經理這麼多年來為公司發展做出的優秀成績。

很明顯王經理所說的讚美話也正是李經理最喜歡聽的，這樣就使得李經理的自尊心得到了充分的滿足和認可，而且最後李經理還把王經理當成了知己，所以李經理公司的廣告業務自然能夠交給王經理，這也就不足為奇了。

即使是看上去一無是處的人，他也會有一兩處值得我們去讚美。比如一個人的工作可能不太好，但是他卻寫得一手好字，或者是唱歌非常好聽，其實這些都是我們在拉關係時可以利用的地方。

可能在我們的身邊，有的人非常在意自己身上的優點的，而又的人可能恰恰相反，對自己身上的優點並不在意。對於你來說，不管他在意還不在意，在與他拉關係的時候，能夠適當的讚美他的優點，那麼他肯定會感到非常高興的。

有一家服裝店的生意一直以來都特別好，原因就在於這家服裝店裡面的每一位店員，對來買服裝的客戶總是會不斷的進行聊天。他們不僅僅是與客戶打招呼，而更為重要的還會不斷的透過與顧客談話發現他們身上的優點，進行讚美。

有一次，服裝店裡面來了一位老太太，當服裝店裡面的店員看見老太太之後，先讚美道：「太太，您的髮型真得是太好看了，我從來沒見過這麼好看的髮型。哇，您穿上這件衣服真的是太好了。」老太太聽完店員的誇獎之後，真的可以說是心花怒

放，很爽快的就買下了這件衣服。

　　每一位來到這家服裝店的客戶都會有一種被尊重的感覺，而且她們在這裡購物會心情愉快，結果就是越來越喜歡到這家服裝店來購物，所以到頭來這家服裝店一直都是生意興隆。

　　當我們與別人拉關係的時候，如果你懂得專門挑選別人愛聽的話來說，就會很快得到別人的好感，從而與對方能夠更進一步進行交流。那麼隨著你們交往的進一步加深，那麼你們之間不管是單純的聊天，還是尋求他的幫助，都會變得非常的順利。

與人交往，軟硬要兼顧

　　如果做事情僅僅依靠一隻手是完全不夠的，有的時候還需要我們左右開弓才能夠奏效。同樣的道理，當你在求人幫忙的時候，僅僅是依靠軟或者硬的單一方法是完全行不通的，我們只有軟硬兼施，才能更容易求對人，辦好事。

　　當我們在求別人幫忙的時候總會抱有一種「欺軟怕硬」的心理，其實有的時候我們對待他們倒不如反過來，來一個軟硬兼施的方法。因為如果自己一味的軟，無疑就留給別人一個好欺負的形象，但是總是硬的話，又會與別人樹敵，把自己推入到火坑當中。

　　如果我們在求人做事的時候，能夠用強硬的態度把對方的

囂張氣焰壓住，而用軟的手段去獲得別人的理解和同情，這樣就非常容易得到別人的幫助，甚至會讓對方產生一種順水推舟的心理。

其實你可以想想，當他和你敵對的時候，雙方都不會有好結果，可是你這種軟硬兼施的態度又給他留下了餘地，他何樂而不為呢。

記得有一個大學生與自己的好朋友去城市玩。晚上住宿的時候，他們被一輛車帶到了一間旅館，他們花了很多錢，本以為住宿的條件應該不會太差，可是當他們進去之後才發現條件簡直太差了。

從大的方面來看，房間裡連一臺電視機都沒有，而從小的方面來看，屋裡面的拖鞋都不知道那裡去了，服務員的態度就是更差了。當他們躺在床上的時候才發現這床居然還是硬板床。

他們躺在床上心裡就開始不舒服了，最後商量決定去找老闆退房，沒有想到老闆卻來了一句：「想退房，沒辦法。」

當時他們看見老闆一副氣沟沟的樣子，心裡有點害怕，想想還是算了，可是心裡還是不服氣，於是兩個人索性狠了狠心，決定豁出去了。其中一個人著老闆的腔調說道：「你凶什麼凶，你想怎麼樣啊，這裡我又不是沒有來過，你要不退房別怪我們投訴你。」當老闆一聽這兩個人要打投訴電話，心裡開始害怕了，於是只好同意退房，但是無論如何都要收他們手續費。

　　兩個人一聽老闆同意退房了，當然非常高興，可是沒想到老闆還不能退全額，非要扣訂金，所以心裡還是不願意，便說道：「如果不是你們把我們騙過來，又怎麼會這樣呢？」可是不管怎麼說老闆就是不退訂金。

　　就在這個時候，外面又來了幾位不知情的客人，他們猛然想到一計，對老闆說道：「老闆，我覺得你還是趕緊把錢退給我們吧，不然的話我們現在一鬧，你那剛來的幾位客人……」老闆一聽，沒有辦法了就把訂金退給了他們。

　　當我們在對待一些人的時候，如果你一開始就對他軟，他可能就會覺得你是一個容易被欺負的人，對待你的態度必然是非常強硬的；可是如果你一開始就對他硬的話，那麼在下面的交往中，他可能會讓你下不了臺，弄個魚死網破，所以說最好的辦法就是軟硬兼施，從而達到自己的目的。

　　俗話說：「因地制宜」，對待人也是一樣，對什麼樣的人，就要有什麼樣的方法，如果做事僅僅是靠一種方法那是遠遠不夠的。要想辦成一件事情就需要學會隨時變通，透過綜合運用不同的方法，把事情做好。

不要為了面子說大話

　　在現實生活中，有很多人喜歡誇大自己的能力，有的事情明明自己辦不到，但是礙於面子或者其他的原因，還是會去答

應別人，結果到頭來自己做不到，不僅自己丟了面子，而且還失去了別人對你的信任。

有句俗話：「沒有鑽石就不要做瓷器工作。」，說的就是我們不要去承諾自己做不到的事情，做人一定要「言必行，行必果」，這樣才能是一個值得大家信任的人，

當然，如果你答應了別人了，並且最後把事情給辦成了，這不僅展現了你的誠信，更為重要的是展現了你的人格魅力，是個人價值的展現。

孔子曾經說過：「人而無信不知其可」，告訴我們如果一個人連信用都不講，那麼不知道他還能夠做什麼。所以，我們在日常生活中答應了別人的事情一定要言而有信，說到做到，只有這樣才能夠贏得別人的信任。

可能在你的周圍會有這樣的人，他們在答應幫你做事的時候總是會把話說得天花亂墜，可是等到最後你真的需要他們幫忙的時候，他就開始光說不練了。

有一個人叫王以行，由於他的家境條件還不錯，所以王以行從小就喜歡炫耀自己，有很強的虛榮心，特別希望看到別人那種羨慕自己的目光，也經常吹牛皮。

有一年過年，王以行跟隨爸爸回到了鄉下老家，當著老家的很多鄰居小孩，王以行又開始吹牛了：「你們知道嗎，我們家裡有好多車，我爸爸開的是 BMW，我媽媽開的是賓士，我姐

姐開的是奧迪，我每天上學放學都不用走路的，他們都會開車去接我，坐在車裡可舒服了。」

當鄰居家的小孩聽完之後非常羨慕的說道：「那真是太好了，不過你一般坐誰的車呢？」

王以行驕傲的說道：「當然是我爸爸的，因為爸爸的車又大又寬敞。」

鄰居家小孩繼續問道：「那你這次回來是坐誰的車回來的呢？」

王以行說：「這次回來沒有坐車，因為鄉下的路太多泥巴了，車沒有辦法開。」

結果當鄰居們知道這件事情以後，就再也不讓自己的孩子與王以行玩了。

後來等到王以行長大成人，工作了，他還是沒有改掉自己喜歡吹牛的壞毛病。王以行剛剛上班的時候，當經理介紹他給各位同事認識，王以行隨口就說了一句：「今天見到大家很高興，改天我請大家吃飯。」大家聽完之後當然也是客氣了一番，誰也沒有把他的這句話放在心上。

但是後來，王以行的這句「有空我請吃飯」就成了他的口頭禪。沒事的時候，特別是當同事幫了他的忙，他都會對同事說：「這件事真是謝謝你了，改天我請你吃飯。」

可是大家卻沒有見到王以行請吃過一頓飯，結果到了最

後，他再請人們幫忙的時候，就沒有人理他了，王以行成了辦公室裡面的「孤家寡人」。

像王以行這樣，隨便給別人許下承諾的人是最不負責的，他們愛慕虛榮，內心很自卑。他們的願望常常在現實中得不到滿足，而他們的內心對此又是非常的渴望，所以就會表現在嘴上。

不管怎麼說，一個人說話不誠實，那麼他就會失去了做人的基本準則。「說到做到」這樣就能夠擁有良好的人緣，吸引很多人圍繞在你的周圍；而反之你可能就會受到別人的不尊重。

孔子有一名學生叫曾子，有一天曾子的妻子準備去趕集，可是孩子非要和她一起去，妻子沒有辦法了就哄孩子道：「你乖乖的在家等我，我回來給你殺豬，我們吃紅燒肉。」結果孩子這樣才安靜下來。

後來，等到妻子回來的時候發現曾子正在院子裡面磨刀準備殺豬，妻子於是趕緊阻止道：「你這是做什麼啊，我那是和兒子開玩笑呢。」

可是曾子卻非常嚴肅的說：「我們的一言一行都會對孩子造成深深的影響，如果我們當家長的說話都不算數，那麼孩子以後怎麼可能聽我們的話呢？」結果曾子真的把豬給殺了。

其實，不僅僅是家長說話要算數，我們每一個人都應該這樣。如果你做不到，那麼就不要說大話，既然你說了就一定要

去做，不然你過足了吹牛的「癮」，到頭來你的把柄卻給別人留下了笑話。

　　特別是如果你想成為一個聰明的人，那麼更要會說話，巧說話，萬萬不能說假話，說空話。每一個聰明人必然要懂得自己做不到的事情不會亂答應別人，如果光說不練的話是會讓人瞧不起的，而且還有可能讓別人以此作為要脅你的把柄，到時候你不想認帳恐怕都不行了。

憑一張巧嘴走遍天下

　　在我們的生活當中，我們需要學會唱紅白臉，這其實就是一種恩威並施、剛柔相濟的駕馭之術。

　　現在很多聰明的企業管理者都明白這樣的道理，並且常常在管理當中運用紅白相間的策略來進行管理。有的時候兩個人在一起唱雙簧，一個唱黑臉，一個唱白臉；而有些更為高明的管理者則把自己扮成是演員，會隨時根據角色進行互換臉譜。

　　現如今，由於管理者需要應對的事情越來越多，需要對付各種各樣的人，所以他們不得不逼著自己學會唱紅白臉。其實，說到底紅白臉就是一張一弛，一文一武。解決問題如果僅僅靠單一的方式是很困難的。

　　偉大的美國總統林肯說過：「一滴蜜要比一加侖的膽汁能捕到更多的蒼蠅。」當你要去尋找一種極為高效的約束力時，千萬

不要忘記了林肯說這句話，你完完全全可以用一滴蜜去贏得他的心，也能緊緊抓住他的心。

有一次，有一個孩子和同學打架，當時由於這個孩子太生氣了，他對同學說道：「我恨死你了。」這個孩子一邊跑一邊喊著，跑著跑著就來到了山腳下，他還繼續喊著：「我恨你，我恨你，我恨你。」結果，與此同時，這個孩子也聽到了山谷的回音：「我恨你，我恨你，我恨你。」

這些回音讓他感到非常害怕，一口氣就跑到了家裡。他看見自己的母親，對母親說道：「媽媽，山谷裡面有一個妖怪對我說『他恨我』，我好害怕。」母親聽完之後就把他帶到了山谷裡面，並且要求他現在大聲喊出：「我愛你，我愛你。」結果孩子照著母親的話說，了，而這一次孩子卻驚奇的發現有一個可愛的孩子居然在山谷裡說：「我愛你，我愛你。」他聽完之後高興極了。

在現實生活中很多事情往往就是這樣，你越是嚴厲，對方可能就越容易產生敵對心理，所以有的時候如果我們能對別人態度和藹一些，那麼別人對我們也會更加友好。

曾經有一位叫苗栗的人開了一家餐具製造工廠，他為人非常和藹，當然他批評員工的手段也很高明。

有一次，有一位生產線主任喝了很多酒來上班，結果吐的公司到處都是。最後有一個人把他扶到了公司外面的空地上讓

第九章　自己的嘴巴，自己管好

他醒酒，而這個時候苗栗正好從那裡路過，便把這位喝醉的生產線主任抬進自己的車中，送到他家裡。

結果生產線主任的太太看見自己的老公被別人送了回來，簡直嚇壞了，說道：「你是他的同事吧，麻煩您了，您不知道，他的經理非常嚴厲，要求員工不允許在上班的過程中喝酒，我不希望我的老公失業，你能不能在經理面前替我的老公說說情。」而苗栗當時就告訴她，她的老公是不會失業的，因為他就是總經理。

苗栗的舉動讓生產線主任的老婆非常吃驚，只見苗栗又對她說：「夫人，您好好照顧好自己的老公吧，記得明天讓他按時上班。」

第二天早晨，生產線主任果真來上班了，而且從此之後就改掉了酗酒的壞習慣，並且死心塌地跟隨著苗栗，為公司的發展壯大做出了很大貢獻。

可見，當領導者在執行工作的時候，不管是採用懷柔政策，還是嚴厲的批評對員工，都應該掌握好一定的尺度。

特別是在一個人發火的時候，千萬不能把話說的太過了，不能把事情做絕了，不然的話我們就達不到說服對方的目的了。

所以，我們應該明白，只要是發火，那麼勢必會傷害到人與人之間的感情，所以，我們發完火之後一定要採取一些必要的懷柔手段，進行一下感情補償，彌補一下他人的自尊心。

作為一個精明人應該明白，學唱紅白臉不僅僅是一種策略，更是一種手腕，而且這是誰都可以使用的，但是更為重要的是究竟誰能使用的更加高明，所以，職場當中的為人處事就好像是一齣戲，看誰能夠在舞臺上唱好黑臉和白臉。

一句話說到別人心裡

在大多數情況下，我們與別人講道理，千萬不能失去耐心，有的時候需要我們循循善誘，能夠耐心的引導對方進行思考，只有這樣才能夠讓別人真正想明白，心裡想得通。

有人說過：「與人說理，須使人心中點頭。」也就是告訴我們，每一個說服別人的過程都是攻心的過程，而說服別人的道路就好像是我們攀登山峰，迂迴曲折，也許要走很多彎路才能到達最後的山頂，所以，勸說別人的話往往需要我們多費一些口舌。

俗話說「曲徑通幽處，巧言達心底。」當你與別人講話的過程中，不能太鋒芒畢露，這樣才不至於讓自己的因勢利導變成「啞巴」，到頭來成了一個人在唱獨角戲。

早年美國紐澤西州的一家剛成立的電器公司的推銷員哈姆。他為了幫助公司打開更大的市場，於是來到了一個非常偏遠的小鄉村去做電器的推銷工作。

當哈姆敲開當地一家比較富有的人家時，接待哈姆的是一

位身體健康，精神飽滿的老太太。

　　可是，當老太太開門發現哈姆是電器推銷員，立刻就把門關上了。之後哈姆再三叫門，老太太才勉強把門打開了一條小縫隙。於是哈姆非常有禮貌的說道：「夫人，我非常抱歉打擾了您，我知道您可能對電器不感興趣，其實我今天來到您這裡不是想向您推銷什麼電器的，而是想從您這裡購買一些雞蛋回去。」

　　當老太太聽哈姆這麼說之後，心中的戒備心理自然減少了許多，於是她把門開的更大了一些，探出頭來，很顯然老太太還沒有完全相信哈姆。但是哈姆繼續說道：「我看到您這裡養了很多雞，而且都這麼健康，所以我覺得您這裡的雞蛋一定很新鮮，我想買一些新鮮的雞蛋帶回去。」

　　當老太太聽完哈姆的這些話，心中的戒備心理更是減輕了，她打開了門，從房間裡面走了出來，並且態度非常和藹的和哈姆聊起了自己養雞的事情。

　　當哈姆看見老太太除了養雞之外，在院子裡面還有牛棚，原來這個牛棚是老太太的丈夫養牛用的。於是哈姆說道：「老太太，我敢和您打賭，您養的雞肯定比您丈夫養的牛賺錢。」當老太太聽完哈姆的讚美話，心中那股高興程度更別提了。

　　老太太為什麼會這麼高興呢？因為這麼多年以來，她的丈夫總是認為老太太養雞沒有他養牛賺錢多。所以，從此以後，

老太太把哈姆看成了知己，並且非常高興的把哈姆帶到了自己的養雞舍進行參觀。

在參觀的過程中，哈姆一邊參觀，一邊讚美老太太的養雞經驗，並且還說：「太太，您的雞舍如果用電燈照明的話，那麼雞蛋的產量肯定會增加很多。」當老太太聽完哈姆的建議之後，早就沒有了當初的反感，反而向哈姆詢問用電的成本是不是會增加很多。

於是哈姆幫助老太太精算一下，發現用電器成本增加的並不多，所以等到兩個星期之後，哈姆回到公司之後就收到了老太太的訂單。

可見，哈姆到頭來之所以能夠說服老太太的訣竅就在於他不急於求成，而是採用了循循善誘的方式，一步步的具體而詳細的給對方進行分析，甚至幫助老太太出謀劃策，這樣就非常巧妙的拉近了自己與老太太的距離，從而最後讓老太太的態度發生了變化，最後被哈姆完全給說服了。

所以，當你想說服一個人的時候，任何人的心理首先都會出現一種反感的情緒、抵制情緒，而我們必須學會認真進行思考，把自己要說的話想清楚，然後在與別人談話的時候又能夠根據實際情況靈活應變，只有這樣，我們才能夠曲徑通幽處，達到循循善誘的神奇效果。

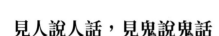

第九章　自己的嘴巴，自己管好

見人說人話，見鬼說鬼話

　　有句俗話：「見人說人話，見鬼說鬼話。」這句話一直以來都被人們看成是批評那些為人圓滑，喜歡投機取巧的人。可是真正懂得為人處世的人卻從來不認為這是一句批評人的話。正是這句話告訴我們，在與人社交的過程中，說話一定要注意交談對象，如果說話不看對象，對什麼樣的人都用同樣的方式，那麼就會在人際社交中產生困難，甚至是矛盾。

　　我們大家都知道偉大的教育家、思想家孔子，他總是喜歡帶著自己的幾個優秀弟子出外講學和雲遊。

　　有一天，孔子和他的弟子們一行數人來到了一個村莊裡，於是他們決定在一棵大樹下休息，結果正在準備吃點乾糧，喝口水的時候，沒有想到孔子的一匹馬卻賺脫了韁繩，跑到了農戶的田地裡去了，還吃了人家的秧苗。就在這個時候，孔子的這匹馬恰巧又被農戶看見了，給扣了下來。

　　而子貢是孔子最為得意的學生之一，他向來以能言善辯著稱。於是子貢就憑藉自己不凡的口才，主動請纓要去說服那個農戶，來和解這個問題。

　　可是子貢是一個文人，說出來的話也是文謅謅的，滿口什麼「之乎者也」的，給農戶講了半天的道理，可是農夫根本就聽不進去。

這個時候有一位剛剛跟隨孔子沒多久的學生，論學識、才幹和子貢相比都差遠了，結果當他看到子貢和農戶說了半天沒有效果之後，就對孔子說道：「老師，請您讓我去試試吧。」

於是孔子點頭同意了，他走到了農戶的身邊，笑著對農戶說：「您就在這裡種地，而不是在別的地方，我們現在離的這麼近，所以說我們的馬很有可能會吃你的莊稼。可是話又說回來，說不定哪一天你們家的馬或者牛也會吃了我們家的糧食，那麼我們是不是應該互相諒解呢？」

這位農戶聽完了這番話之後，覺得非常有道理，於是心中的怒火消了大半，就把馬還給了孔子。之後就聽見旁邊的幾個農戶說道：「像他這樣說話才算是有口才呢，不像剛才那個人，說出來的話根本就聽不懂。」

可見，我們說話的時候必須要看對象、看場合，不然即使你再能言善辯，別人也是不會買你的帳，那麼你就是白費工夫。

有句俗話說：「到什麼山，唱什麼歌；見什麼人，說什麼話。」其實這就告訴我們，在人際社交的過程中，一定要先了解清楚對方的性格特點，那麼我們才能夠把話說的準確而適當。

我們在與不同的人進行交談時，不管是在說話的方式、措辭和語調以及說話的態度上都要有所區別，不然說出的話很有可能會造成彼此之間的誤會，最後甚至發生爭吵。

當然，在日常生活中我們還應該注意一下對方的年齡，比

第九章　自己的嘴巴，自己管好

如說：當你與長輩進行談話的時候，我們就應該展現出「尊敬」二字，而與晚輩說話就需要展現出「寬容」二字，可是如果你的說話對象是孩子，那麼就應該展現出「關愛」二字。

　　所以，只有當我們了解了對方的性格特點，抓住對方的心思，從而說出讓他們感到適合的話，那麼我們的話才能夠產生讓我們滿意的效果，達到我們說這番話的目的。我們千萬不能想說什麼就說什麼，而是要看先看說話對象，從不同對象的不同特點出發，能夠說出不同的話，從而創造出一種和諧、融洽的氣氛，達到我們說話的目的。

投其所好，溝通更順暢

　　做任何事情都是要講究原則的，「投其所好」也不例外。所謂「投其所好」並不是讓你沒有原則的去拍別人的馬屁，而且要在講究原則的前提下能夠適當的去讚美對方，從而加深你們之間的關係。

　　大才子唐伯虎，他不僅善於賦詩作畫，也非常喜歡對對聯。結果就有一位官商請唐伯虎為自己寫一副對聯。

　　當時唐伯虎知道這位官員沒有什麼素養，就是一個見錢眼開的人，於是唐伯虎就提筆為他寫了一幅「生意如春風，財源似流水」的對聯。

　　可是沒有想到商人看完之後，臉色一下子就不高興了，因

為商人覺得「春風」、「流水」根本就沒有把發財的意思表現出來，所以就要求唐伯虎重新寫一幅，而且還特別強調一定要表現出財源廣進的意思，哪怕對聯的意境差一點也沒有關係。

於是，唐伯虎稍微思考了一下重新寫道：「門前生意，好似夏夜蚊蟲，隊進隊出；櫃裡銅錢，好像冬天蝨子，越捉越多。」這回商人看了之後臉上終於露出了笑容。

其實唐伯虎面對的不是自己的朋友，而是一名商人，所以儘管在對聯裡面有譏諷商人的意思，但是只要商人覺得滿意，也就可以了，這就是「投其所好」的效果。

有句俗話叫「話不投機半句多。」要想和別人談話談的投機，是需要採用一些方法的，不是隨便聊兩句就能夠達到的。我們對待不同的人應該有不同的談話方式，但是也要講究一個共同的原則那就是談對方感興趣的事情，因為只有這樣兩個人一開口才會找到共同的話題。

在一個週末，明明到姨媽家去玩，剛好碰巧晚上姨媽家來了客人。當這位中年男人和姨媽寒暄完之後沒有什麼事情做，於是就把注意力轉移到了明明身上，因為當時明明手中正在玩一個小帆船的玩具，一副全神貫注的樣子。

於是這位中年人走到明明身邊，對明明說：「叔叔在自己小的時候也非常喜歡帆船，不過我那時玩的帆船和你現在玩的這一個不太一樣。」之後這位中年人就和明明聊起了很多與帆船有

第九章　自己的嘴巴，自己管好

關的話題。

　　明明自然是越聽越好奇，於是就開始不斷的問了中年人許多關於帆船的問題，直到這位中年客人要離開姨媽家裡，明明才依依不捨的把他送到門口，並且希望叔叔明天還會來。

　　等到中年人走後，明明問姨媽：「這位叔叔真是帆船的專家啊。」姨媽聽完後淡淡說道：「他不是帆船專家，而是一名醫生。」

　　明明聽完之後非常詫異的問道：「那他怎麼給我講這麼多與帆船有關的事情呢？」姨媽的回答讓明明永遠都無法忘記，「因為你喜歡帆船，所以他就會和你說一些你感興趣的事情，這樣你才會喜歡他。」

　　其實中年人的做法並不是狡猾的表現，正是「投其所好」的表現，因為我們每一個人都喜歡和別人談論自己感興趣的事情。

　　當然在有的時候，與你打交道的人你可能不是特別的了解，那麼你就一定要懂得注意觀察，透過他的語言、行動，甚至是在他的生活習慣中找到他的興趣所在，從而能夠找到一個突破口，打破你們之間談話的尷尬局面，讓你能夠投其所好，對症下藥，直抵心底，達到你想要的效果。

　　而且需要特別注意的是，人與人的性格是不一樣的，可以說世界上有多少人就有多少種性格愛好，即使是那些有著相似經歷的人，他們的興趣和愛好也往往是不同的。所以我們當

我們仔細觀察身邊的人，你會發現當他們與別人進行社交的時候，總是會談論別人喜歡的話題，以便拉近兩個人之間的距離。

講真話沒錯，問題是如何去講

無論什麼時候，我們都應該講真話，可是在有的時候，人們聽了赤裸裸的真話往往會感到非常的不舒服、不自在，甚至是刺耳，所以，當我們在說出事情真相之前，一定要選擇一種恰當的方式。

從前，有一個喜歡說真話的人，不管什麼事情他都會如實的告訴人們，可是沒有想到，不管他走到哪裡，人們都要把他趕走。時間長了，他就變得一貧如洗，已經無處棲身了。

最後，他實在沒有辦法了，就來到了一家修道院裡，希望能夠得到收容。當時修道院院長問清楚情況之後，認為應該尊重這些內心真誠，說實話的人。於是，修道院院長就把他安頓在了修道院裡面。

當時修道院裡面有幾頭家畜已經不經用了，於是院長就把這些家畜交給他，讓他去市場上賣掉。院長之所以不敢讓他的手下知道這件事情，因為怕他們私自藏下賣家畜的錢，最後院長就讓這個人把兩頭牛和一隻羊牽到了市場上。

結果這個人在買主面前也只知道講實話，說道：「這兩頭牛非常的懶，根本不去耕地。曾經有一次，人們把牠們趕到田地

裡面，可是這兩頭牛懶的都不想走，結果長工們就抽牠們，但是牠們還是懶得不行，所以院長才讓我來把牠們賣掉。」

當買主們聽完了這個人的這些話，立即就走掉了。後來，這些話在市場上傳開了，再也沒有人願意買修道院裡面的這些家畜了。

最後，這個人沒有辦法了，等到晚上市場要關門了，他只好又把家畜牽回了修道院裡面。

當院長知道這件事情之後，對他發火吼道：「朋友，我看那些人把你趕走真的是對的，不應該留你這樣的人。我雖然喜歡說實話的人，但是我卻不喜歡那些和我的錢作對的人。所以，你還是趕緊走吧，我不能再收留你了。」

結果，這個人又開始過著居無定所的生活。

可見，說話是一定要講究方式、方法的，有的時候即使你的講話沒有問題，但是別人也未必能夠接受。我們只有把話說得恰到好處，才能夠達到預期的效果。

在我們身邊有很多善於說話的人，他們做事情總是懂得躲避鋒芒，即使發現別人把事情做錯了，也不會直言相告。如果換成是那些為人忠誠的人，他們也許就會實話實說，其實在某些特定的場合適當暴露一下自己的鋒芒是很有必要的，但是如果掌握不好這個尺度，那麼不僅會傷害到別人，也會傷害到自己。

　　有這麼一個財主，由於自己晚年得子感到非常高興，於是他決定在兒子過百日的時候擺宴慶祝。

　　這一天，財主向這些前來祝賀的客人說道：「你們看看這孩子將來會有什麼發展呢？」

　　結果有的客人說：「這孩子眉宇之間散發出一種貴氣，將來必定是一位高官。」財主聽完之後自然很是高興，嘴笑得都閉不住了。另一個客人則說道：「看這孩子的面相，將來肯定會是一個大富大貴的人。」財主聽完之後，心中更是欣喜萬分。

　　但是就在這個時候，有一位客人卻毫不客氣的說道：「我看他的樣子，好像是生了重病。」財主聽完之後，先是一愣，之後就是火冒三丈把這位客人給趕了出去。

　　可見，在現實生活中一些真話反而會遭受到別人的冷眼相對，而說假話又是一種違心的做法，許多人都不願意這麼去做，那我們就不妨裝一裝糊塗吧。

　　真誠，在我們生活中的分量是很重的，但是我們的社會也是紛繁複雜的，人人都希望能夠出人頭地，所以人們就會為了自己的利益而不惜手段做出一些事情。但是如果我們不分場合、不分對象，把什麼事情都不經大腦禍從口出，那麼必然會給自己招來橫禍。

　　雖然自古就說「良藥苦口利於病，忠言逆耳利於行。」可是在現實生活中，真正喜歡聽到忠言逆耳的人可以說是寥寥無

幾。因此，我們要選擇適當的方式來說出真相。千萬不要在公開場合去指責別人的錯誤，而找到一個好的時間，合適的地點，委婉的指出他所犯的錯誤，這樣可能效果會更好。

當著矮子，不可說短話

在每個人的一生當中，誰都難免會犯一些錯誤，特別是天生缺陷的人更是沒有辦法彌補的。當我們面對別人的不足，甚至是失意的時候，千萬不要落井下石，更不能為此而嘲笑對方。

如果你身邊有這樣的人，那麼你就應該多去傾聽對方心中的苦悶，這樣做不僅可以能夠改善氣氛，而且你還會獲得別人的好感。

通常情況，一個失意的人總是希望能夠有另一個人來傾聽他的痛苦，而你這個時候不妨去做一名傾聽者，並且能夠在適當的時候給予對方一定的安慰，能夠發自內心的，真誠的站在對方的立場上去考慮一些問題，從而更加理解對方，這樣一來你必定會和對方達成共識，產生共鳴。

有一次王超邀請了幾個好朋友來家裡面吃飯，既然是朋友，互相之間都比較熟悉。其實王超的意思大家都明白，就是想透過大家在一起喝酒熱鬧熱鬧來感染一下最近情緒低落的李秋林，當然也更想讓其他朋友安慰一下李秋林，甚至是想辦法幫幫他。

　　原來李秋林由於這段時間公司的經營管理不善，自己的公司倒閉了，而且更慘的是李秋林的妻子也因為不堪忍受家裡過重的經濟壓力開始和他吵架，甚至揚言要離婚。

　　李秋林整天是為了這些事情弄得自己心力交瘁，已經瘦得不成人樣。來王超家的朋友都知道李秋林的遭遇，所以的大家誰都不去談事業和生意上的事情，而是談李秋林喜歡的足球消息。

　　可是沒有想到在這些朋友當中有一位最近剛剛做了幾筆大訂單，可以說賺了點錢，結果酒也喝的有點多，就忍不住開始談他如何賺錢的事情來了。

　　這個人那種得意洋洋的表情讓王超看了都覺得有些不舒服了，更何況李秋林了，只見李秋林一句話不說，臉色非常難看，最後找理由提前離開了。

　　當王超把李秋林送到屋子外面之後，李秋林終於忍不住了，他對王超說道：「你說他賺了那麼多錢有什麼好炫耀的。」

　　雖然王超一直勸李秋林說那位朋友是因為喝多了才說出那樣的話，讓李秋林不要在意，但是自己也為好心辦了壞事感到很尷尬。

　　俗話說「人生得意須盡歡」，一個人稍微做出一點成績，或者是遇到一點讓自己得意的事情，喝酒進行慶祝倒也無可厚非，但是有的時候我們也應該看一看場合，如果你在失意的人

面前大談你的得意之事，那麼肯定會讓別人對你記恨在心，這簡直就是自找麻煩。

王麗和李越是從小一起長大的好玩伴，而且最後一起進入了體專成為了射箭運動員，他們一直以來關係都非常好，可以說是無話不談，兩個人不管誰取得了好成績，另一個人都會真誠的表示祝賀。

有一次在一個大型比賽上，他們兩個人參加了同一種比賽，由於平時訓練的時候王麗的成績比李越好一點，所以大家給予了王麗很大的希望，希望他能夠奪取冠軍。

可是在倒數第二輪的時候，王麗已經超過李越很多分了，眼看冠軍就要到手了，沒有想到王麗想到了自己肩負著大家的眾望，由於心理壓力太大，最後一輪剛開始，他就失誤了。結果這一次讓王麗非常難過，也很沮喪。

但是對於李越來說，他沒有王麗這麼大的壓力，最後發揮穩定取得了冠軍。當他拿到冠軍獎牌之後就高興的慶祝起來，早就把與冠軍失之交臂的王麗放到腦後了。

當回到體專之後，李越自然成為了大家熱烈歡迎的對象，而這件事情已經過去很長時間了，可是李越還總是會在王麗面前提到自己奪得冠軍的事情，這讓王麗對李越越來越反感，最後兩個人的關係也漸漸疏遠了。

可見，當你和失意的人談得意的事情，那麼對方肯定認為

你這個人太不懂事了，甚至會認為你是故意在讓他難堪，反而會與你的關係會越來越糟糕。

所以，當你在自己春風得意之時，與別人交談一定要注意對方的情緒，不要因為自己的疏忽大意而傷害到對方的自尊心。

特別是現如今的一些年輕人，由於處世時間不長，很多事情不懂，遇到得意的事情逢人便說，結果到頭來既遭人妒忌，又遭人暗算，所以我們一定要懂得「敬人又敬己」的道理。

含含糊糊沒什麼不好

我們不得不承認，一個人把話說得明明白白，肯定會給別人一個非常好的印象，一個人如果明確而堅定的態度，更會讓別人感到自信和力量。可是如果我們在表態的時候把話說得過於絕對，不給自己和別人留任何餘地，那這就不是明智之舉了。

而在我們身邊就有一些心機很重的人，為了防止別人抓住自己的把柄，他們說話總是一種「模糊表態」的方式，說話含糊其辭，為別人，也給自己留有餘地。

就拿我們工作中的事情來說，如果某位主管就某一件事來徵求你的意見，或者是自己的朋友、同事有求助於你的時候，你在表明自己主見的時候千萬不要忘記給自己留一條後路。這樣做其實並不難，當主管在問你某件事情的意見時，你在表達完自己的觀點之後，不妨加上一句：「這僅僅是我個人的觀點，

最後還是請主管決定。」

　　如果我們說話的時候多一些謹慎，事情辦好了大家固然是皆大歡喜，可是如果萬一出現了問題，那麼我們也能夠避免一些不必要的麻煩。

　　有一位電子公司的產品銷售經理在對新產品進行市場預測的時候，總是喜歡先召開公司會議，而且還經常會叫上其他部門的主管一起討論問題，有的時候也會在會議結束之後去徵求一些優秀人員的意見。

　　有一次在開會的過程中，公司裡來了小馬和小王兩位新員工，這兩個人在這次會議上表達了自己的想法，當時就得到了銷售部門經理和公司主管的認可與好評，而且這個人在闡述自己觀點的時候，特別強調說按照他們兩個人的方法一定可以獲得成功。

　　銷售部門經理當即就要求他們兩個人寫出一份詳細的銷售企劃書，並且表示公司一定會認真考慮他們兩個人的想法。

　　對於小馬和小王兩個剛來公司沒多長時間的新人來說，銷售經理的這番話讓他們欣喜若狂，因為作為新人這麼快能夠得到部門經理和主管的認可，他們認為自己表現的機會來了。

　　可是最後銷售經理按照他們兩個人的銷售企劃推出新產品之後，銷售情況一直不太好，這讓銷售經理非常的惱怒。

　　甚至最後沒有辦法了，公司只要調整產品的銷售方案，可

是當公司追究這個問題的責任時，小馬和小王自然就成為了公司的「罪人」，結果不但被主管狠狠的批評了一頓，還扣除了獎金。

其實，小馬和小王的最大問題不是說錯了話，而是不懂得含糊其辭，最終讓別人抓住了自己的把柄。

所以當別人在徵求你意見的時候，包括自己在闡述想法時，一定要注意含糊其辭，話不要說死，最後千萬別忘記加上一句「這僅僅是我個人的淺見，最終還請您決定。」這樣做，一方面我們既表達了自己的想法，另一方面更為關鍵的是事情出現問題之後，我們可以不承擔一些本不該承擔的責任，從而達到明哲保身的目的。

當然，含糊其辭的說話也是拒絕別人的最佳方法，這樣既給對方留下了面子，也不會讓自己為難。

當別人尋求你幫助的時候，他的內心肯定希望能夠得到你的幫助，讓他如願以償，最好可以一下子把事情完美解決了，但是任何事情都不是絕對的，萬一出現意外情況，或者是因為其他原因沒有幫別人辦成事，就會讓他們對你感到失望，你也就失信於人。所以最為明智的想法就是別把話說死，學會含糊其辭。

我們只有做到這一點，才能夠進退自如，避免我們沒有幫成別人，反而還影響了自己的人際關係。

第九章　自己的嘴巴，自己管好

　　俗話說「事情有法，而無定法」，對於含糊其辭自然也是不可以模仿的，要懂得靈活應用，做到該明確表態的時候不含糊其辭；而該含糊其辭的時候不妄斷，話不說死。當然，這也需要我們在平時多重視鍛鍊和培養自己的判斷能力、分析能力。

含含糊糊沒什麼不好

電子書購買

國家圖書館出版品預行編目資料

我不是教你笨，是告訴你做人不要太聰明：別總
想著算計誰，「精打細算」小心自己也被算進去
/ 李定汝，余一編著 . -- 第一版 . -- 臺北市：崧
燁文化事業有限公司 , 2021.12
　　面；　公分
POD 版
ISBN 978-986-516-946-6(平裝)
1. 修身 2. 生活指導
192.1　　　110019013

我不是教你笨，是告訴你做人不要太聰明：別總想著算計誰，「精打細算」小心自己也被算進去

臉書

編　　著：李定汝，余一
發 行 人：黃振庭
出 版 者：崧燁文化事業有限公司
發 行 者：崧燁文化事業有限公司
E - m a i l：sonbookservice@gmail.com
粉 絲 頁：https://www.facebook.com/sonbookss/
網　　址：https://sonbook.net/
地　　址：台北市中正區重慶南路一段六十一號八樓 815 室
Rm. 815, 8F., No.61, Sec. 1, Chongqing S. Rd., Zhongzheng Dist., Taipei City 100, Taiwan (R.O.C)
電　　話：(02)2370-3310　　　傳　　真：(02) 2388-1990
印　　刷：京峯彩色印刷有限公司（京峰數位）

定　　價：375 元
發行日期：2021 年 12 月第一版
◎本書以 POD 印製